台灣經濟新局與發展

Taiwan Economic New Perspective & Developmen

心戰

目錄

【經濟環境】

【閉幕與迴響】

【序】

以高度視野 重新認識新局

——余範英

即將上任副總統的蕭前院長、各位關心台灣經濟發展新局、注意世界經濟變動的朋友，時報文教基金會又辦研討會了。近十年來，時報文教基金會面對公與義談論公共議題從未缺席，理性的討論是我們的堅持，無論是焦距集中的稅制問題、金改問題，或是各階層包容、分歧的社會現象、文化、族群及貧富差距等。十年來，基金會內部的一組熱心參與公與義的學者帶領議題，填補決策空檔，勇於將問題攤開做討論及進言。

在今天台灣跨入全新的政經局勢之際，新局所面對的全球、兩岸及國內的課題，更需要攤開來重新認識政經環境，以高度的視野檢視資源能力，深刻的面對、概要的討論未來推陳出新的問題。這次的研討會，是在選舉前即策劃完成，當時即邀請蕭萬長先生為大會作前言，因他這些年瞻觀全球的視野，對國內所需要面對的掌握，對海峽兩岸希望的溝通與合作，都已經有他了然於心的帶領的方向與追求；當我們籌劃研討會的時候，蕭先生說，他會來跟我們一起推動。

在座的薛琦教授，是我要最謝謝的。基於多年來他對規劃與推動亞太營運中心全局的用心，今天繼續結合產官學經驗，為建構未來貢獻心智、鋪陳新局。同時也重視全球暖化、社會貧富差距等議題，並能夠倡導落實的談論。更謝謝長久支持規劃的基金會董事朱敬一、許嘉棟教授，及參與討論的各界專家。當時我們規劃研討會的時候，新將上任的閣員都還未被任命，他們是從來沒有放棄台灣經濟發展課題的好友。最後要謝謝北京大學吳敬璉教授，老遠來的加持；老友劉遵義校長，昨天晚上十二點多才飛到，他對台灣的經濟環境的了解與永遠支持；也感謝國蒼兄由DOHA撥冗來參加。

所有關心台灣經濟發展與台灣新局的朋友，謝謝您的參加，時報文教基金會寄上一瓣心香，願跟大家一起努力建設今後的台灣，謝謝各位。

【序】

掌握時間與機會　奮起直追

——余建新

蕭副總統當選人、吳敬璉教授、劉遵義校長、官國蒼執行長，施振榮董事長、余董事長及在座的各位貴賓，大家早安！

再過兩個禮拜，台灣將邁入一個全新的時代。新的執政團隊即將要揭開政經新局，我們期待一個和解、對話與開放的兩岸關係，取代對立、僵持與閉鎖的政治關係，我們期待一個打拚經濟、共創雙贏的年代，取代政治掛帥、停滯空轉的年代！

但是我們準備好了嗎？我們面臨的是一個翻轉、重組的全球經濟，是一個正在崛起的中國經濟強權，也是一個正在整合的東亞區域經濟，面對這一切，我們所參與的究竟有多少？過去我們虛擲了太多時間與機會，也與整個的世界經濟脫節，現在，我們要奮起直追。

今天很榮幸，在這個新舊時代交接的時刻，時報文教基金會能邀請多位來自兩岸三地的學者專家齊聚一堂，一起前瞻兩岸三地的經濟新局。這中間多位先生都是學界宏儒，他們的洞察與見識，必定能為兩岸未來打開一個全新的視野。

今天這場研討會能夠順利召開，時報文教基金會從策劃到邀請，付出非常多的努力，在此我也要向時報文教基金會余董事長及各位同事致意，最後敬祝大家身體健康，大會圓滿成功！謝謝各位！

【開幕致詞】

追求活力、優質而均衡的成長

—蕭萬長

時報文教基金會余董事長、中時媒體集團余董事長、北京大學吳敬璉教授、香港中文大學劉校長遵義先生、施董事長振榮先生、各位貴賓各位學者專家、各位工商界的領袖、各位媒體朋友、各位先進，大家早安。

今天能夠應邀來參加由時報文教基金會所主辦的「台灣經濟新局與發展」研討會，我深感榮幸也很高興，剛剛余範英董事長講過，這個研討會籌備的時候，我正在選舉非常忙碌的時候，那時候我正好在造勢大會上，余董事長的電話進來，我以為是發生了什麼大的事情，結果余董事長告訴我有關這場研討會的籌備，他問我的意見，我說非常好，不管我們會不會當選，這場我都會來，因為實在是非常有意義，所以今天能夠來參加，感到特別特別的高興。

剛剛余董事長建新先生也講過，現在我們國家正處在一個新的發展轉捩點、一個交替的時代，時報文教基金會舉辦這樣一個很有意義的研討會，邀請了國際知名的學者專家，就全球、亞洲、中國經濟提出一些前瞻和精闢的分析，同時也邀請了台灣的學者專家和工商界領袖齊聚一堂，分別就產業布局和經濟環境兩個層面，共同來探索全球、亞洲還有中國經濟變動下的台灣出路，這個是非常有意義的一次研討會，我相信，透過與會貴賓意見的交流和智慧的凝聚，一定可以提供一個卓越的見解，提供新執政團隊決策的參考，所以我在這裡對主辦單位時報文教基金會的用心良苦，以及具有前瞻性的規劃，表達個人的敬佩之意，當然也要代表我們的馬英九先生與他的團隊來向主辦單位感謝。

今年以來，國際經濟的大環境的確有很大的改變，也面臨了新的挑戰。美國次級房貸所造成的風波影響全球，石油、糧食還有原物料的飆漲造成了全球通貨膨脹很大的威脅。在亞洲，中國的經濟則面臨了一個轉型期，一方面大陸內部要建立一個更好的內需市場，另一方面，也要讓經濟成長的動力，由「要素推動」轉型成為「效率推動」，這對大陸的台商，一定會產生重大影響。另外，美國這個全球最大的經濟體現在正面臨著衰退，中國這個全球經濟成長最快速的引擎，也在轉變，然後再加上全球化下的亞洲區域整合，也正在持續的進展中。

這些新的發展、新的變數都在考驗著台灣。總統大選以後，新的政府即將開始上台就位。新政府怎樣來因應這些新的經濟局面？首先，要先確定現階段台灣總體經濟的目標。在總統大選中，我們提出台灣總體發展的願景，是朝向三個目標在前進：經濟成長、社會公義以及永續發展。台灣成為逐漸成熟的經濟體，我們不可能再以經濟成長作為唯一的目標。經濟成長的目的，在於整體生活品質的提升，因此，公義和永續不能夠被忽略。相對的，假如經濟沒有成長，我們當然沒有足夠的財政能力和社會資源來實現公義和永續發展。

經濟要成長，我們必須要增加競爭力。競爭力的提升，一方面在於制度的改善，要建立一個更透明、更有效率、而且公平的市場機制。我們提出的兩岸經貿的鬆綁、開放，我們提出的改善金融、財稅制度，都是在追求更完善的市場機制。自由而有效率的市場機制，才能為台灣帶來源源不絕的活水，讓台灣和全球經濟帶來良性而緊密的連接。

除了完善的市場經濟，提高台灣經濟競爭力的另一個關鍵，就在於創新。過去幾年來，台灣人均GDP一直停滯不前，讓人非常憂心。GDP成長的動力有三個，最早的是要素驅動，再來的轉變是效率的驅動，現在是大家都在追求的，所謂的創新驅動。台灣目前屬於從效率驅動要轉型到創新驅動的階段，但是韓國也好，香港也好，新加坡也好，都已經成功的轉型到創新驅動。

所以要突破成長困境，我們就需要創新。依照世界經濟論壇的創新指標排名，台灣的「創新指數」還不差，二〇〇七年的排名是全球第九名，但這個表現沒有辦法反應到GDP的成長，因為台灣的研發缺乏原創性，附加價值是偏低的。台灣的專利也沒有辦法有效的被企業採用，所以必須要依賴技術輸入。台灣的製造業還是以代工為主，所以缺乏創造新市場的能力。

台灣必須要突破這些「創新」的困境。經濟的創新，需要企業經營者的遠見，願意投資在研發創新上；另一方面，政府也要扮演整合型的服務平台，來協助產業創新。政府必須實施的措施，包括以政策來協助企業建立一個國際品牌；分擔高風險的研發創新投資；協助產業以及學術界建立教育平台，也就是建教合作的平台，來培養創新的人才。政府還要積極改善投資環境、健全法規和制度，鼓勵企業願意從事研發的創新，同時也要吸引外資或跨國公司來投資台灣的研發創新。

第二個目標是要實現社會公義。這一方面需要完善的社會福利政策，也要讓租稅公平，有效解決貧富差距的問題。我們所提出的「勞動所得稅額抵減制度」就是其中一項有效的政策。

社會公義不能只靠社會政策來保障，在制定經濟政策的時候，也要考慮到對所得分配的影響，外部成本的分攤是否公平。像目前我們的油電價格就是一個例子，現在我們是用行政手段來壓制油電價格的成長，造成的影響是沒辦法實現使用者付費的原則，表面上好像大家都享受到低價的油電，其實用電用油最多的人，佔最大的便宜，其他人被迫要和他們分攤成本，我覺得這是不符合公平正義的作法。

第三個目標就是要實現永續發展。全球多數的國家，都已經體認到生態危機對人類文明的威脅。環保及生態的議題不再只是道德的訴求，而被具體化為政策。歐盟在這方面相當的進步，歐盟為了實踐永續發展所訂定的經貿法規也對台灣產業產生重要影響。

政府跟民間都要體認到永續發展的議題，是一個現實而迫切的，新政府也一定會以具體的政策來實現永續發展。例如，實踐節能減碳，我們要開徵能源稅，就是一項具體有效的政策。

有效率的市場機制以及對經濟創新的追求，讓台灣的經濟可以持續的成長。在成長過程中，我們也要體現社會公義，並且追求永續發展。這種有活力、優質、均衡的成長，是我們為台灣經濟未來的承諾，我們期待大家共同努力來實現美好的願景。

最後在這裡再祝福今天的研討會圓滿成功，也祝福各位健康快樂，謝謝大家！

新局與發展
時報文教基金會 主辦
Development

大會集錦

大會集錦

Wild-Geese Flying Pattern
台灣經濟 新局與發展
Taiwan Economic
New Perspective & Development

大會集錦

大會集錦

【專題演講】

在全球化環境下，台灣未來能否有競爭力，積極面對挑戰？

Coca-Cola
WERTGUTSCHEIN
WWW.BERLINER-REGIONAL.DE
KREUZBERG

【專題演講】

全球經濟演變與展望

【主持人】朱敬一

中央研究院院士、時報文教基金會董事

美國密西根大學ANN ARBOR經濟學博士。現任中華經濟研究院董事長、中央研究院院士、中央研究院經濟研究所特聘研究員、時報文教基金會董事。曾任中央研究院副院長、行政院國家科學委員會人文社會科學處處長、台灣經濟學會理事長。專業領域為人口經濟、法律經濟、財政學。代表著作有《給青年知識追求者的信》、《經濟學的視野》、《基本人權》。

【主講人】劉遵義

香港中文大學校長、中央研究院院士

美國加州大學柏克萊分校哲學博士。曾任美國史丹佛大學李國鼎經濟發展講座教授、亞太研究中心共同主任、史丹佛經濟政策研究所主任，二〇〇六年獲史丹佛大學頒授李國鼎經濟發展榮休講座教授銜。現為 Phi Beta Kappa 和 Tau Beta Pi 會員、計量經濟學會院士、中央研究院院士、Conference for Research in Income and Wealth 會員、劍橋大學邱吉爾學院海外院士、中國社會科學院榮譽院士，以及國際歐亞科學院院士。專研經濟發展、經濟增長，以及包括中國在內的東亞經濟。

'he Wild-Geese Fly
The "wild-geese-flying pattern" me
migration over time, first introduced
Akamatsu, can apply to Chinese pro
ndustrialization started in Japan in t
nigrated to Hong Kong, Taiwan, So
he real wage rates in these economi
xport quotas were imposed by deve
Mainland China. But industrializatio
pread within Mainland China just as
egion gradually to the inland region,
s region, until most of China becom
aiwan entrepreneurs can play the ro
ey did in Southeast Asia and in the
hina) by leading the migration of in

New Perspective &

The Wild-Geese Flying Pattern
台灣經濟 新局與發展
Taiwan Economic
New Perspective & Development

當然水平比不上中國大陸，但還是迅速發展當中，新的參與者會增加全世界的貿易量。

第四點是生產的集中性。十年、十五年之前，歐洲製造商會在很多地方設廠，因為不同地區之間的匯率時有變動，所以製造商不知道應該在西班牙生產運到德國去賣？還是在德國生產運到西班牙去賣？結果在兩地都設廠生產。但在歐元面世之後，歐洲的匯率波動性就沒有了，沒有之後，由於生產有規模報酬，企業就會把工廠集中設在一處，不需要在每個地方設廠，除了效率增加，國際貿易量也會增加。以前很多是自己本地供應的，現在很可能從一個國家供應全歐洲，這只是一個例子，但從中可見生產的集中性上升，會增加國際貿易量。

國際資本流動量的竄升

另外全球化還有一個影響是，現在國際資本流動量遠遠超過之前二、三十倍以上，資本流動非常的快，其中包括三個部分。第一個是國際直接投資，例如台商去大陸投資，直接蓋廠房、建立生產基地，就是直接投資；第二個是國際證券投資，買其他國家的股票或債券，這部分也增加很快，很多美國的基金也在買亞洲的股票；第三個是熱錢，熱錢是短期的資金，例如現在有很多人預期人民幣會升值，就把錢匯到中國大陸，等待人民幣升值，這個量是非常大。資本流動量愈大，匯率之間的波動性也愈大，以後的五年十年，匯率波動性是非常大的。

全球化下國際資源的流動還有一種特點，就是資本流量遠遠大於貿易流量。以前是貿易商品的流量，就是有沒有入超或出超，對於匯率有很大的影響，現在這個影響反而不大，變成資本流量的影響最大。最近美元對歐元、日圓都在貶值，為什麼呢？當然美國有很大的入超是事實，但是入超已經很久了，為什麼現在才貶值？主要是因為大家預期美國不景氣，所以投資到美國的錢減少了，主要影響美元匯率是資本流量，並不是出超或入超的影響。

經濟全球化的影響

經濟全球化到底有什麼影響？首先，經濟全球化後，很多企業可以有很大的市場，就可以達到規模報酬的效應。比如開一個汽車廠，若一年生產不到二十萬輛，是絕對達不到經濟規模，除非製造很高價的跑車，一年一百輛也有錢賺，但如果是大量生產，一年不到二十萬輛是不夠的。但一個小的經濟體不能達到這個規模，但有全球市場經過貿易就可以達到這個規模。

第二、假如一個企業能進入全球的市場，就能增加它的無形資本的回報率。這對台灣更重要。正如蕭副總統當選人說的，無形資本就是研發資本和創新的投入，有時以智慧財產來代表，有時以品牌來代表，這些都是需要投入的，所以稱為無形資本。無形資本的特殊性質，在於創造成功後，增加利用的邊際成本是很低的，甚至沒有。發明是需要一定的固定成本，但是發明後，賣兩千兩百萬份是一個固定成本，賣兩億兩千萬份也是同樣的固定成本，因為研發成本已經回收了，所以市場愈大，回報率就愈高，因為增加生產的那部分，只需要很低的邊際成本，所以全球化大大增加了無形資本報酬率。比如可口可樂進入中國大陸市場、俄國、印度的市場，因為已經有品牌，所以成本會比較低，因為不用重新創造一個品牌。台灣在中國大陸一個成功的例子就是康師傅，因為有品牌，在一個很大的市場建立起來，回報率就非常高。在大市場創造一個新品牌，回報率也會非常高。

此外，在大市場裡，其他無形資本回報率也會很高，這也是為什麼在美國風險投資、創新投資會愈來愈蓬勃，很重要的原因是你在美國發明一個大家都要買的商品，那個市場就夠大了，就可以把成本收回來，如果再賣到外國市場，那就是錦上添花。例如麥當勞和星巴克投資國外的利潤就很大，因為在美國已經是一個成功的品牌。

第三、全球化的影響是工業的集中率會增加，但是集中率的增加是好是壞還沒有定論，例如全世界鋼鐵業一直在集中，水泥業也是，但過度的集中不會對消費者有利，因為全球鋼鐵被兩三家大企業控制，價格就會被操縱，但是這是一種比較必然的現象，因為全球化後仍然屹立的品牌，自然就會增加產業的集中度。假如能夠利用一個大的市場，對創新有一個作用就是對標準的制定有很大的發言權，所以為什麼以前標準制定時美國或是歐洲會有很大的發言權，能夠設立標準就可以對本國製造業有很大的影響，如果用別人的標準，就要用別人的專利，要付出很多的權利金，台灣亦是如此，如果用自己發明的專利就不必付權利金。要對設立標準有影響就需要有很大的市場，但並不一定需要有很大的國內市場。當然在大的市場裡有很好的聲譽或可靠性也是一個重要的優勢。台灣的企業可以憑藉本身的智慧財產權跟品牌，多利用大陸這個龐大市場來增加研發資本與創新投資的回報率。

亞洲經濟的崛起

第二個世界的趨勢是亞洲的崛起，這是最近十年、二十年的結果。有一個理論是很多年以前一位經濟學家提出的雁行比喻，東亞工業化過程首先是日本在五、六十年代開始，再因為剩餘勞動力用完，日本工資開始升高，也有一些已發展國家開始對進口設限，所以有一些工業遷移到香港，例如紡織業，但香港地方小，當時只有三、四百萬人，所以剩餘勞力很快就用完，後來就到台灣、南韓，再到東南亞、泰國、馬來西亞、印尼，那時候中國大陸開始開放，這些工業就遷移到大陸沿海、廣東、江蘇一帶，可以想像在大陸沿海省分剩餘勞動力也不夠的時候，就開始遷移到內陸，等於以前在不同國家遷移一樣，這可以一直發展下去，這就是雁行理論。

亞洲會一直發展，印度開始發展製造業也是同樣的情形。中國和印度有共通點，就是已經不是靠出口導向而是靠內需，印度企業家要造一部兩千五百美元的汽車，希望每個中產家庭都有一部汽車，他們的趨向不是出口導向，主要是看內需市場。亞洲占世界國民所得在十年、二十年前，大概是百分之五左右，而且以日本為主，最近大約是百分之二十。

亞洲出口貿易重心的轉移

另外的一個重要轉變是，二、三十年前從亞洲出口的貿易不是在亞洲以內，今天已經完全不一樣，東亞的貿易已經超過百分之五十是在亞洲內部。美國、歐洲依然是東亞的重要的貿易夥伴，但已經不及二、三十年前那樣重要。東協加三自由貿易區也是逐步逐步在推進，所以亞洲崛起在二十一世紀是一個大事，另外可以說的是中國大陸已經取代美國，成為東亞很多國家或經濟體（例如韓國和日本）最重要的貿易夥伴，這是重大的轉變。

所以美國與亞洲在脫鉤前，美國打一個噴嚏，亞洲就會重感冒，到了今天，美國打噴嚏，亞洲應該不會感冒了，因為脫鉤已經形成，消費最終需求在亞洲變得很重要，很多地區平均所得已經成長得很快。中國是世界手機最大市場，而且在持續增長，世界汽車市場增長得最快的是中國和印度，所以這兩國已經不再僅是出口加工基地，而是慢慢變成有自己內需推動的經濟體。要由這個角度去看，所以中國不會受美國經濟衰退影響很大，但並非完全沒有影響。同時中國出口到美國商品多數是廉價品，特點是在經濟衰退時，許多家庭會棄用高價品轉而改用廉價品，所以對中國出口是有影響但不大，反而對法國一些奢侈品影響比較大。另外因為次級房貸的危機，普遍在美國和歐洲信用是很緊縮的，但是在亞洲流動量其實非常充裕，在中國商業銀行的儲備率升到百分之十六點五，還是一個相當大的流動量。中國信用緊縮是人為的，但在歐、美兩地則是真正的嚴重信用緊縮。

美國經濟景氣與其他國家脫鉤

最後一點，很多資金因為歐、美不景氣，要流入中國大陸、印度、亞洲，因此我們要開始考慮脫鉤的可能性。雖在全球化之下，但美國和其他國家發展其實是可以脫鉤的。美國的經濟衰退可能會持續到十一月，等總統選舉後，往前的政策有明確信號，大家才會恢復信心，不然不確定性還是太高，跟台灣三月的選舉一樣，要在選舉之後，大家才有一個明確的方向。

另外美元在可見的未來不會再變強，會繼續弱下去，而且在短期內較難恢復。為什麼美國衰退對大陸影響不大？大陸對美國輸出相當大，大概占大陸GDP百分之八（中國估計）到百分之十二（美國估計），但是中國大陸對美出口的增加值很低，平均是百分之十七點七，相乘（百分之十七點七乘百分之十二）為百分之二點二左右的GDP。也就是說，中國大陸對美出口所創造的GDP只是百分之二點二。

一個實際的例子是，最近有兩個美國學者研究在中國大陸製造的iPOD，iPOD在美國零售價是三百美元，到岸價大概是一百五十美元，但在中國，因為裡面的零組件都是進口的，所以增加值只有四美元，占出口價低於百分之四。雖然中國大陸對美出口下降，對大陸GDP的影響不大，但對個別大陸地區影響是大的。比如東莞、深圳、蘇州很多做來料加工出口貿易的企業，就會受很大的影響。但在整個中國來說是可以承受的，所以應當可以脫鉤，往前走有很多其他的風險因素，我剛說的次貸危機和美國經濟衰退，但對亞洲來講應該不會有太大負面影響。

全球通貨膨脹的風險

另外有關全球通貨膨脹的風險，全球性的通貨膨脹一部分是農產品價格所導致的，但農產品價格有一定的週期性和循環性，也受天氣影響，但由全球來看，依然有很多產能，美國、加拿大、歐洲都可以增加生產，應當可以解決。另外有人提出是否生化燃料用了很多糧食，以致影響價格，因此應該是可以解決的，不是長久的問題。再者就是能源價格，能源價格上升是通貨膨脹的重要因素，當然能源價格不是中央銀行可以決定的，就算是葛林斯班，用貨幣政策也不可能降低世界原油價格，但油價究竟應否如此高，達到一百三十美元？我的看法是，很多油公司都在想，在六〇美元的水平下已經有很多代用品可以發展，例如煤轉油，當然這需要一些投資，因此為何現在價格會居高不下？我認為有兩個原因：

第一個是中東會不會發生事件。如果發生則油價會有再上升的可能，例如伊朗的核子問題，那一方面是政治的考量。另一方面油價可能是因為遠期價格帶動現價，很多風險基金都在炒作遠期價格，這是反過來了。怎麼樣解決這個問題？需要全球很多國家和地區的政府有一個勇敢的做法，一定要提高能源的價格，要反映真正的成本。現在很多地方，例如中國大陸，有很多補貼，卻鼓勵大家繼續多用能源。回顧七、八〇年代石油危機，當時也是高價持續很久，但過了八〇年代就降下來，當時便是美國大量減少石油的使用和進口，所以我覺得這是有效的，這有一個過程，但如果不經歷這個過程就不能紓緩通貨膨脹的危機。

環境方面和氣候改變是很大的問題，需要大家注意，但這一定要全球合作才行，否則意義不大。

地域政治的風險

接下來是地域政治的風險，第一，長久以來擔心台海危機，現在這個危機降低很多，台海維持現狀，對兩岸、亞洲、全世界的穩定都有很大的作用，這個風險是沒有了。

第二，中東若有危機，對原油的供應就有很大的影響。假如伊朗在荷姆茲海峽把兩艘輪船沉掉就夠了，不需艦隊封鎖，這是一個很大的風險。

第三個風險是保護主義的再興起，因為經濟不景氣這就會出現，美國現在的選舉就已經出現經濟保護主義的聲浪。這對亞洲、全球以及台灣是不利的。往前看的話，東亞的經濟會是不錯的，美國的衰退對東亞的影響不會太大，東亞經濟增長可能慢一點，但是會維持在相當高的水平。接著是經濟力量的重新分配，亞洲在全球GDP所占的所得會愈來愈高，這也是可以預料到的。

國際合作避免地球暖化

此外，全球一定要合作，避免地球暖化。這是做得到的，但已經發展的國家也要節能減碳，而不只要求正在發展的國家不許增加使用能源，這樣是不公平的，因為已發展國家已經什麼都有，發展中國家還未有，因此這需要合作達成公平的安排。其他例如東協等，東亞還有許多地方可以開展金融合作，在上次亞洲金融風暴得到的教訓是不能靠IMF、外國組織，還是需要靠東亞國家之間的合作。

全球環境對美國不利，對台灣也有影響，美國是台灣傳統上最大的顧客，但美國進入一個慢的成長階段，台灣可以開始看看金磚四國，即俄羅斯、巴西、印度、中國，基本上四國的發展都不會受美國太大的影響，台灣應該可以利用這個機會增加貿易和投資，因為馬英九先生已經當選總統，台海衝突的風險降低很多，台灣應把握機會，充分利用本身與中國大陸的互補性。

因為台灣慢慢進入創新推動的經濟，需要的是很大的腹地和市場，才可以增加回報率。以矽谷為例，創新和研發在矽谷，生產也有在中國大陸，台灣未來也可以朝這樣的方向，如果做得到是非常好的，因為台灣的製造業是不能競爭的，市場不夠大、工資太高。只能走知識財產、知識經濟這條路，所以希望台灣可以持續繁榮。

【專題演講】

大陸經濟的前瞻與挑戰

【主持人】于宗先

中央研究院院士、時報文教基金會董事

美國印地安納大學經濟學博士。曾任中華經濟研究院院長、中央研究院經濟研究所所長、台灣大學經濟學系教授。代表著作有《台灣泡沫經濟》等十四種、時論集有《突破經濟觀念中的繭》等七種，主編中英文經濟專書三十餘種、發表學術性中、英文論文一百八十多篇。

【主講人】吳敬璉

北京大學教授

中國經濟學家。一九五四年畢業於復旦大學經濟系。一九八三年以來，相繼在耶魯、牛津、史丹佛等大學、麻省理工學院任客座研究員或客座教授，並擔任中國國務院發展研究中心常務幹事、國務院經濟體制改革方案辦公室副主任、第八、九、十屆中國全國政協常委兼經濟委員會副主任、國家資訊化專家諮詢委員會副主任。現為國際經濟學會執行委員，麻省理工學院公開課程教材顧問委員會成員；中國社會科學院研究生院、北京大學博士生導師；中歐國際工商學院（CEIBS）教授；《比較》、《洪範評論》主編。曾五度獲得中國經濟學的最高獎勵—孫冶方獎；二〇〇三年被國際管理學會授予「傑出成就獎」；二〇〇五年榮獲首屆「中國經濟學獎傑出貢獻獎」。

對
台灣經濟
Taiwan Economic
New Perspective &

头过河”
济社会状况

兩岸核心能力疊加　進軍全球

台灣經濟新局重要的特點，或者說開創新局的重要條件，是兩岸間的互動。由於兩岸過去幾十年的隔絕，台灣朋友也許對大陸的情形並不熟悉，所以先就大陸經濟體制改革演進作一介紹。

大陸經濟體制的改革

首先談到四個問題：（一）大陸新經濟體制的建立；（二）「兩頭冒尖」和兩種發展趨勢；（三）爭論和出路；（四）兩岸合作共贏的前景。前面三個問題是講大陸經濟三十年的發展的歷程，它取得了哪些成績？存在什麼問題？大陸採取了哪些措施解決這些問題。最後，再談兩岸如何進行互動，爭取共贏的想法。

大陸在過去的三十年進行了空前未有的改革，建立了一個新的經濟體制。在這三十年內做了一些政治方面的改革，但是政治方面的改革大大落後於經濟方面的改革。

集中計劃經濟模式的建立

一九四九年以後，中國大陸建立了一個和蘇聯相同的集中計劃經濟模式，希望利用這樣的經濟制度實現國家的工業化和現代化，可是事與願違，不但沒有能夠像原來設想的那樣加快工業化和現代化，反倒在一九五八年「大躍進」以後的一九六〇到一九六二年期間出現大飢荒，不但造成很大的經濟損失。而且造成很大的生命損失，如同大家知道，在飢荒中造成三千多萬人死亡。後來又在一九六六年到一九七六年的十年「文化大革命」中造成整個社會的動亂。

到「文化大革命」後期，整個社會瀕臨崩潰的邊緣。巨大的災難也帶來一個正面的結果。如果說「大躍進」災難的受害者主要是普通的工人農民和知識分子，「文化大革命」則是整個社會受害：不但大眾受到迫害，就連原來相信舊體制、舊路線可以使中國興盛的高官們，包括國家主席劉少奇、共產黨的總書記鄧小平也受到迫害，所以在文革後朝野上下就形成一個全民的共識，就是這種體制和路線再也不能繼續下去了，需要變革。

變通性的經濟政策

了解救亡圖存，開始了一個全面性探索的時代。當時提出的口號是解放思想、開動腦筋、「摸著石頭過河」；也就是說，不管是什麼樣的措施和政策，只要可以恢復生產、發展經濟都可以拿來應用。這時候，中國政府就採取了一系列變通性的政策，使過去受到體制壓抑的民間積極性有發揮的空間。所謂變通性的政策就是保持所謂計劃經濟的經濟體制和無產階級專政的政治體制大體不變的條件下，採取一些變通性的作法，使得市場力量和非國有經濟（民營經濟）能夠有所發展。這種變通性的政策大體上有四個：

第一個是農村的家庭承包制（包產到戶）。它的特點是在土地的集體公有保持不變的條件下，讓農民在他「包」來的土地上建立家庭農場。

第二個是行政性分權。也就是把過去高度集權的計劃經濟體制改變成分級的計劃經濟體制，把過去屬於中央政府的一部分權力下放給各級地方政府。在高度集中統一的體制下，非國有經濟幾乎是無法生存的。在分權的體制下，各個地區有了自己的獨立經濟利益，也有發展本地區經濟的動力。這樣就給了非國有企業一個存在的空間，所以鄉鎮企業甚至和一些戴有「紅帽子」，掛靠在公有企業上的私人企業就開始發展起來。

第三個是價格的「雙軌制」。在集中計劃經濟的條件下，所有的資源都是由計劃機關用行政命令配置的；價格也是由計劃機關規定的。在這樣的體制下，非國有企業是不可能生存的。在一九七〇年末期的擴大企業自主權改革以後，在計劃軌之外出現了一個市場軌，國有企業的超計劃產品可以在市場上買賣；非國有企業可以在市場上買到原材料，也可以在市場上銷售自己的商品。於是，非國有制的鄉鎮企業和戴「紅帽子」（即掛靠在公有制企業下）的私人企業就開始發展起來。

第四個是經濟特區。所謂特區，就是在一個全國大部分地區還處在計劃經濟式的對外貿易管制的大氣候下，在一些毗鄰香港、澳門、外華僑較多的地方，提供它們特殊的政策待遇的辦法營造小氣候，使得對外貿易能夠開展起來，外國和港澳台的投資能產進來。

這是大陸改革開放的第一個階段。到了一九八〇年代初期，許多人認識到，不能只用一些變通的政策來給企業家一點生存空間，而要建立一個系統性的經濟體制。當時提出了各種各樣的設想。大體上有四種：第一，改良的計劃經濟，就是仿照蘇聯在史達林去世後的改革，給國有企業較大的自主權；第二種是「東歐模式」。東歐的匈牙利、波蘭等國在一九六〇年代後期進行了以「市場社會主義」為目標的改革。市場社會主義的特點是在保持國有經濟的統治和保持國家計劃的條件下，引進一些市場力量。這種做法在一九八〇年代初期有很大的吸引力，許多學者作了這方面的研究和介紹；第三種模式是所謂「東亞模式」，也就是戰後日本等東亞國家採取的政府主導的市場經濟模式；第四種模式是歐美國家的自由市場經濟模式。

為社會主義的市場經濟定調

到了八〇年代中期，前兩種模式的影響開始消減，後兩種模式占了主導的地位。大體上說來，黨政官員們比較欣賞第三種模式。比如說鄧小平本人就非常欣賞「四小龍」的許多做法。其中特別是新加坡，威權主義政府加上市場經濟。特別是學習過現代經濟學的學者，大多把第四種模式作為改革的目標。不過在當時的情況下，我們對第三種模式和第四種模式的區別看得並不那麼重，即使把自由市場經濟看做自己追求的目標的人們也同意，在經濟發展的早期階段，採用東亞模式讓政府擁有較大權力是適當的。那時候派了很多代表團到日本去取經，學習日本政府怎麼管理經濟、日本大企業集團的發展經驗等等。這樣，第三種模式的支持者和第四種模式的支持者就結成一種改革聯盟。他們的想法為中國大陸的黨政領導機關所接受，成為共產黨中央和國務院的決定。不過這個目標確定以後並沒有馬上得到全面實施。一九八六年曾經在當時的國務院總理趙紫陽的領導之下，擬訂過一個叫作「價格、稅制、財政配套改革」的方案。不過，在一九八七年趙紫陽轉任中共中央總書記，取消了原來擬議中的配套改革。真正把市場經濟的改革目標變成可以實施的方案，是一九九三年的十一月中共中央通過的關於建立社會主義市場經濟的決定，這個決定是一個全面建設市場經濟的藍圖。

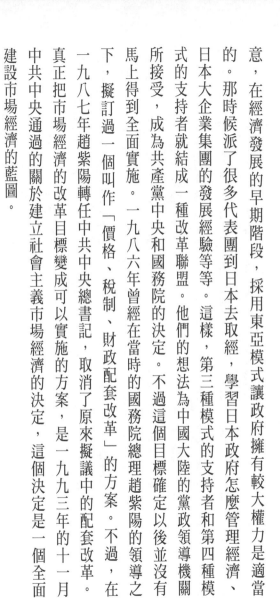

財金外匯管理大變革

一九九四年執行一九九三年的決定，在財政制度、金融體系和外匯管理體制等方面進行了大步子的改革。同時，還提出要對國有企業進行公司化改制和建立全民覆蓋、在主要的社會保障方面引進個人帳戶制的新的社會保障體制。如果說一九九四年的改革沒有觸及到產權制度基礎，那麼到了一九九七年就明確地把多種所有制經濟的共同發展確定為「基本經濟制度」。根據這個要求，在一九九七年以後進行了所有制結構的調整。國有經濟的份額大幅度下降，而私營經濟的份額迅速上升。到了世紀之交，大體上形成了多種所有制經濟共同發展的格局，特別在沿海地帶一億六千萬人口的區域內，私有經濟加上外資的貢獻，已經占了GDP的三分之二，甚至更高。

「兩頭冒尖」現象的顯現

不過在世紀之交，初步建立的市場經濟制度存在不少缺點。首先，改革的目標模式原來就存在一些不明確的地方，就是政府的主導作用是否會妨礙市場的運作。這樣，世紀之交初步建立起來的經濟制度本身是存在一些局限、需要進一步改革，但是這觸及了舊體制的核心部分，就是國有經濟和政府自身，在進一步定義政府在經濟中的職能和進一步調整所有制結構和改造國有經濟這個根本問題上，就碰到了既得利益的阻礙，甚至是反抗。阻礙改革的既得利益，既有來自命令經濟的舊體制的，也有些是建立政府主導的市場經濟新體制中有些人可以利用政府的干預「權力尋租（rent-seeking）」發財的機制基礎上的。

這種新體制已經初步建立，又存在很大的缺陷的狀況，導致了一種我稱之為「兩頭冒尖」的現象出現。在十年前紀念改革廿週年的時候，我曾經寫過一篇紀念文章。其中引用了Charles Dickens在《雙城記》開頭的一段話來描述這種狀況：「這是一個最好的時代，也是一個最壞的時代。我們迅速的步向天堂，我們同時又走向地獄。」十年過去了，看來這種「兩頭冒尖」的情況現在還沒有完全改變。

減貧工作成果豐碩

一方面中國取得了非常大的成就。第一是經濟高速成長。這三十年，大陸GDP的年平均成長率接近百分之十，卅年間增長了十六倍，目前經濟總量居世界第四位。對外貿易增長得更快。一九七八年，大陸的進出口總額僅占世界貿易總額的百分之零點六，一九九七年提高到百分之十二，居世界第三位。第二是城鄉人民生活水平的提高。在一九五七年到一九七七年的廿年期間，大陸人民的基本生活消費，像人均糧食消費量、棉布消費量、食用油消費量、住宅居住面積等等幾乎沒有任何提高。但是，改革開放後的卅年，城鄉居民生活水平普遍提高。城鎮居民的平均可支配收入增長了七倍。第三，減少貧困的工作取得了很大的成就。在這卅年中，赤貧人口減少了兩億多人。按照大陸當局制訂的標準，目前赤貧人口還有四千萬人。按照世界銀行每天一美元生活費的標準，現在還有八千萬人。從減貧的速度來說，大陸走到了世界發展中國家的前列。世界銀行貧困報告說一九九〇年到二〇〇三年這十三年，世界減貧人口中有百分之九十是在大陸實現的。

建立完善的自由市場經濟制度

經過卅年的改革開放，大陸已經成為最大的工業加工基地和支持世界經濟穩定發展的重要力量。有了這個基礎，如果能進一步地推進改革，像經濟學者所希望的，建立較為完善的自由市場經濟制度，同時能夠加速推進比較滯後的政治社會改革，就一定能夠實現建設富裕、民主、文明、和諧社會的目標。

另外一方面，由於新體制的進一步完善，遇到來自既得利益者的阻擾和反對，出現了改革停滯和扭曲的現象。

比如說國有經濟改革。按照一九九七年的計劃，國有經濟應該實現兩方面的改革：一方面是「有進有退」的布局調整，也就是進一步降低國有的比重，使國民經濟的所有制結構得到優化。其中，「放開搞活國有中小企業」的工作，在世紀之交已經大體完成。但是輪到大企業的「有進有退」，阻力就比較大了。到現在為止一些重要的行業，比如說石油、電信行業，還是由國有控股企業壟斷的。國有經濟改革的另外一項工作是實現公司化改制。現在已經做到的是二級企業的公司化，但是還保留著政府絕對控股的地位，持股比例高達百分之七十到九十。至於說國資委直接控股的一級公司（集團公司）則大多數仍然是全資國有企業。

行政權力干預普遍存在

改革停滯和扭曲的另一種表現，是行政權力對於要素市場和企業微觀決策的干預仍然普遍存在。許多要素價格，例如能源價格仍然實行行政管制。而在二〇〇四年出現經濟過熱以後，一些行政機關以「加強宏觀調控」的名義擴大自己的權力，對企業微觀活動加強了干預。

這些體制缺陷在經濟和社會發展上造成了兩方面的問題：

第一方面的問題，是靠要素投入和出口需求驅動的增長模式得以延續。一九五〇年代初期，大陸從蘇聯引進了靠要素投入驅動的增長模式，就是剛才蕭萬長先生講到的增長模式。這種投入驅動的增長模式造成了近年來投資和消費失衡、資源耗竭、環境破壞等問題日益加劇。為了減輕這種增長模式的負面影響，大陸從東亞模式學來出口導向政策，用外部需求來彌補內部需求的不足。出口導向政策在一九九四年外匯管理體制改革人民幣深度貶值後得到全面貫徹。所以一九九四年以後大陸出口高速度增長。但是正像台灣朋友所知道的，這一政策是不能夠長期執行的。到了世紀之交，它的問題也冒了出來。外匯存底大量增加，人民幣升值壓力日益加強。為了抑制人民幣升值的趨勢，中央銀行大量收購外匯，又造成了貨幣超發和流動性（liquidity）氾濫，資 市場泡沫形成和通貨膨脹壓力增加。

社會矛盾的加劇

第二方面的問題，是社會矛盾的加劇。行政權力對微觀經濟活動的干預增強，增加了尋租的可能性。這樣，就使得腐敗尋租活動蔓延。雖然用了嚴刑峻法來懲處，也沒有能夠制止住。

這樣，從廿世紀後期以來我們可以看到兩種趨勢：當改革大步推進的時候，比如說在一九九〇年代初期鄧小平南巡講話以後，改革大步推進，商品價格完全放開，市場的作用增大，經濟發展順利，因為尋租的基礎拿掉了，利用物資分配雙軌制進行的尋租活動也就不可能存在了，腐敗也得到了抑制，大眾也非常滿意。但是當發生了另一種情況的時候，就得到相反的反應。當改革受到歪曲，比如說在國有企業的改制沒有通過市場程序進行，有些有權力背景的人利用改制的機會到處蠶食或者鯨吞公共財產，大眾就會表達出強烈的不滿。這種情形，台灣朋友們大概也是很熟悉的。記得九〇年代大陸開始國企股份化的時候，我們就轉載過《天下》雜誌的文章，講到台灣公有企業民營化發生過的類似問題。還有一種情況就是改革受到阻礙，行政權力得到擴張，尋租活動的基礎擴大，就會造成腐敗的進一步蔓延。例如，二〇〇四年大陸出現了經濟過熱，需要加強宏觀經濟管理，有些行政機關就利用這個機會，增加他們對企業微觀經濟活動的干預。所有這些都會造成腐敗尋租活動的加劇和貧富差距的擴大，並引起大眾的強烈不滿。

這些社會問題發生的主要原因，是因為市場化的改革推進不足或者改革受到歪曲。但是，改革開放前，舊體制和舊路線的支持者卻利用大眾對腐敗和貧富分化現象的不滿，對產生這些現象的根源作了歪曲事實的解釋。將它們歸罪於市場化改革，或者說中國改革被「資本主義的改革路線」所誤導，引發了一場關於改革大方向的大爭論。

改革方向的大爭論

當舊體制的支持者利用醫療、住房等具體問題進行煽動的時候，他們往往能夠得到不明真相的大白，特別是社會弱勢群體的同情。但是，當他們被自己的宣傳成功沖昏了頭腦，把自己的底牌亮了出來，公然號召要再來一次「文化大革命」，進行毛澤東所說的「無產階級專政下的繼續革命」，要求對資產階級（包括所謂「資產階級知識分子」）進行「全面專政」的時候，就遭到了絕大多數人的抵制和唾棄。

這也引起了共產黨的領導的警惕。所以到了二〇〇六年以後，胡錦濤多次講到要毫不動搖地堅持改革開放，不斷完善市場經濟體制。在胡錦濤二〇〇七年向共產黨的第十七次代表大會所作的中央委員會報告中，還寫了整整一段論述「舉什麼旗，走什麼路」的問題。他指出，改革開放符合黨心民心，順應時代潮流，方向和道路是完全正確的，成效和功績不容否定，停頓和倒退沒有出路。必須高舉鄧小平的改革開放的旗幟，走他所提出的「中國特色社會主義」的道路。

堅持中國特色社會主義路線

從大陸的黨政領導方面表明的態度看，繼續在改革開放的軌道上前進的大方向是明確的。現在的問題，是要把大的方向方針落到實處，確實推進改革開放。目前有許多改革需要著手進行。第一件事是推進國企改革、金融改革、財政改革。要進一步打破壟斷、消除行政機關對企業的干預、充分發揮市場在資源配置中的基礎性作用。在這個基礎上實現經濟增長模式的轉變；使要素投入和出口需求驅動的增長模式轉變為技術進步和效率提高驅動的增長模式。現在各級黨政領導機關的新任領導人都已經就職，其中許多人正在進行緊張的調查研究和制定規劃的工作，希望打開當地經濟社會發展的新局面。

最後談及我對兩岸合作共贏前景的看法。台灣大選以後，兩岸合作出現了新的前景。最近兩岸領導人之間舉行的會談，氣氛良好。總的形勢是相當好的。

加強兩岸交流、建立互信基礎

那麼企業界和知識界可以做些什麼呢？

首先，需要加強雙方的交流。大陸和台灣阻隔多年，應當增進雙方對這五十至一百年各自是怎麼走過來的了解。相互的了解是建立互信的基礎。企業界和學界可以起很好的作用。

實際上，由於台灣在經濟發展方面，許多是領先大陸的，台灣的經驗和教訓值得大陸借鑒的地方很多。例如，目前大陸經濟界正在努力實現經濟增長方式，從粗放增長到集約增長的轉變。這已經訂在了大陸的「十一五規劃」（二〇〇六至二〇一〇）裡面了。這裡的一項重要內容是發展服務業，包括製造業的服務化和發展獨立的服務業。在這方面，我們受到台灣產業轉型的很大啟發。施振榮先生一九九三年提出「微笑曲線」，提倡製造業的價值鏈向「微笑曲線」的兩端——從研發、設計到品牌營銷、售後服務延伸。我們在討論「十一五規劃」時介紹了施先生的觀點，現在在大陸討論增長模式轉變，不論官員或企業家，都會談到這個「微笑曲線」。

改變出口驅動的增長模式

關於經濟發展的另外一個問題是改變出口驅動的增長模式。這個問題提出的比較晚。二〇〇三年大陸經濟學界開始討論這個問題，在這次討論中，孫震先生二〇〇六年在兩岸經濟論壇上發表的講演：「台灣經濟自由化的經驗與檢討」也給了我們很大啟發。他講的雖然是台灣的故事，但是大陸當時面臨的問題和台灣一九八〇年代遇到的問題幾乎是一模一樣的。所以孫先生這個講演，在大陸經濟學者中間起了很大的共鳴。可惜的是，學者們的這種認識沒有能夠得到宏觀經濟管理當局及時的響應。加上又碰上了美國的次貸危機和世界金融體系的震盪，使得大陸在處理這些問題時就更加困難。

兩岸經濟的交流合作有很大的發展空間，因為兩岸經濟基本上是互補的。台灣在技術創新、在營銷上有很深厚的基礎，有很強的能力。大陸有很廣大的市場和很強的製造能力。如果兩岸能夠齊心協力，把台灣的技術創新能力、營銷能力與大陸的市場和製造能力結合起來，就可能發展起具有全球競爭力的大產業。

兩岸核心能力的疊加

這兩天我在台灣觀光，看到高速公路的休息站布局合理、店容整潔、服務周到，我看這裡就有很大的商機。大陸這十年高速公路建設非常快，但是有些路段根本就沒有服務站，有些有服務站服務很差。如果我們把台灣的這一套經營模式、經營的技術加在大陸這個高速公路網絡上，這是一個多大規模的一個商機呢！

兩岸合作不只能夠把大陸的市場和台灣的營銷能力疊加創造大的產業；兩岸的中國人還完全有可能走到世界的前緣，也就是在全球競爭中贏得成功。比如說，可以贏得最高級的競爭，就是制訂國際技術標準的競爭。直到現在，在重大技術標準的制訂上，中國人的發言權還很小。但是我認為，現在已經到時候了，兩岸華人已經有實力參加這一競爭。目前ICT產業正面臨革命性的突破，這就是使用移動寬帶技術聯結的電信網、廣電網、英特網三網融合。從大陸看，第一，它有世界最大的行動電話市場。第二，有很強的電信設備製造能力。第三，台灣技術創新能力是走在前面的，不過現在大陸也跟上來了。首先，受過高等教育的技術人才數量，大陸早已占居世界第一位；據OECD的報告，研發投資也在去年超過了日本，僅次於美國，居於世界第二位。研發的質量開始有了明顯的提高，已經出現一些接近世界前緣的技術發明。如果和台灣在ICT產業方面基礎雄厚的創新能力、經營能力結合起來，像連戰先生在大陸講過的，兩岸的中國人聯合起來賺全世界的錢，我認為是完全能夠做到的。這有待於我們的共同努力。

【專題演講】

國際金融市場對兩岸關係的影響

【主持人】許嘉棟

台灣金融研訓院董事長
時報文教基金會董事

美國史丹佛大學經濟系博士。曾任台灣大學經濟學系教授、中央研究院經濟研究所研究員兼任所長、中央銀行副總裁、財政部部長、中華民國對外貿易發展協會董事長、中央信託局股份有限公司董事長。專業領域為貨幣理論與政策、金融制度、國際貿易和國際金融等。

【主講人】宦國蒼

Founder & Chief Executive Officer of Primus Pacific Partners Limited

Founded in 2005, Primus Pacific Partners Limited is an Asian private equity fund with a focus on financial services. Dr. Huan is a board member of Qatar Financial Center. Prior to founding Primus Pacific Partners Limited, Dr. Huan was the Head of Investment Banking, Asia-Pacific, HSBC and Co-head of Investment Banking, Asia-Pacific, CitiGroup, and holding senior positions at other major multinational banks. In the meantime, he helped foreign investors invest in three publicly listed State-owned banks in China. (China Construction Bank, Bank of China and Industrial and Commercial Bank of China).

Dr. Huan received a Ph. D. degree from Princeton University . He was a John Olin Post Doctoral Fellow at the Center for International & Strategic Studies, Harvard University , Senior Fellow at the Atlantic Council of the U. S., and Research Fellow at the Brookings Institution.

New Perspec
TAIT

New Perspective &

亞洲經濟增長趨緩 通膨恐上升

謝謝余範英董事長、余建新董事長，今天很高興有這個機會到這裡跟大家介紹一些我的看法。還記得廿多年前在中國社會科學院研究生院上過吳敬璉教授的課。今天佔用大家一些時間介紹國際金融市場的近況及它對兩岸關係的影響。

美國次級房貸危機的衝擊

首先，美國的次級房貸危機。這次危機對全球金融市場波動衝擊巨大，也相當程度上影響了亞太經濟發展。目前看來，由於發達國家政府的強力干預，市場暫時穩定下來，問題在於這場危機是不是還會繼續?由於利率的大幅度下降，因而大大減輕了對次級房貸本身的壓力。一個低利率的市場也大大減輕了對次級房貸的各種金融對沖產品的壓力。市場原本非常擔心美國信用卡的信用危機，目前看來，只要美國不進入一場大規模衰退的話，信用卡的信用危機是manageable的。其次，世界金融市場的這次危機對亞洲的資本或資金的流通量（liquidity）產生了較大的影響。目前看來，這個影響還會持續一個時期，其具體表現為近三，四個月亞洲股市的疲軟。從市場直接操作角度來看，其影響還是相當大的。但是，大多數亞洲國家和地區沒有內部的信用危機，並且儲蓄率仍然很高。

美國對亞洲產品需求式微

第二個議題是，美國對亞洲產品需求的式微。其中包括兩個面向，一個是美國經濟衰退，會衰退到什麼程度？會維持多久？對亞洲經濟有何影響？我個人認為美國經濟衰退程度還不嚴重。目前，資本市場裡看不到一個方向，而從政治決策的角度來說也看不到方向，這是因為今年是美國總統選舉。聯邦儲備銀行的貨幣政策在選舉年往往會比較保守一些，或者中立一些。選舉後，新的政府和聯邦儲備銀行都會比較及採取政策。其次，美國政府和英國政府在前一時期已經對金融市場進行了相當積極的干預，緩解了一定的壓力。從這角度來說，原來資本市場的恐慌性的心理狀況會有所穩定。

我個人的看法，目前所謂的衰退到今年年底之後情況可能會有所改善。至於明年會不會回到比較好的情況，可能要到新政府上台後，才會有比較清楚的看法。但不管哪一黨執政，都會面對經濟現實，以經濟問題為施政中心，降低利率，但通貨膨脹壓力恐會回升。目前從美國和歐洲市場方面來看，通貨膨脹回升較快。但是會不會成為「滯漲」，目前還難以判斷。過去的幾個月期間，美國、歐洲對亞太經濟的影響主要表現在下述幾方面：一、資本市場的流通量減少；二、對亞洲的進口需求　少；三、對亞洲各央行的貨幣政策的影響，特別是對通貨膨脹的影響。

亞洲經濟情況大致如下：

日本經濟景氣復甦較慢

日本：日本的經濟應是不上不下，維持較慢的恢復過程。這情況在過去三、四年變化不大。原因很多，一方面是日本的政府與央行的各種政策動作始終非常緩慢，缺乏前瞻性和決斷性（decisive）。另外一方面，其產業結構、金融機制和國際競爭力等各方面的改善甚微。但是，日本的儲蓄還是較高的。最近半年至一年，海外對日本的投資也增加了。從資本的流向來看，日本的近況還是不錯的。日本今明兩年經濟增長率也就在百分之一到一點五之間，很難有再好的表現。

人民幣升值與通膨壓力並存

中國大陸：會繼續維持百分之十左右的經濟增長。但其面臨的挑戰也是非常嚴峻。一、人民幣升值壓力和通貨膨脹壓力並存，這是一個非常值得關注的問題；第二、匯率機制，人民幣作為一個不可自由兌換的貨幣和中央銀行的貨幣政策之間的衝突；第三、勞動力成本的上升和就業者機會的壓力並存。中國大陸人口超過十四億，人口的自然增長率為千分之一點一六，即每年新增的自然人口為一千七百萬，對社會和政府產生極大的壓力；第四、政府財政收入成長很快。去年政府財政收入大概有五萬億人民幣。但是，政府同時需要「補課」的經濟負擔（醫療保險、教育、社會保險等等）也非常的重；第五、儲蓄率很高，還是超過百分之四十。但是資本市場的效率非常低。至於大陸是不是已經到了資本過剩的階段？我個人認為還不是，而是資本市場效率太低；第六、金融市場的產業潛在不穩定和風險；第七、產業結構的提升與變化。從長遠來說，經濟結構需要提升，從一個勞力密集型、資本密集型和資源密集型經濟，向技術密集型的轉變是完全需要的。但是，中國大陸在近期內恐難實現這一轉變，因為大陸經濟機制、法律機制、研究與開發的投入，勞動力鑄成結構都有許多需要「補課」的地方。至少在今後的十年，甚至更長的一段時期內，勞力、資本密集型產業將仍然是中國大陸的主要增長動力。

人力流動在大陸市場上已不是問題，許多亞洲（包括中國大陸、香港、台灣）的學生到歐洲、美國受了教育，有相當多的留在美國，也有相當多回來了。在座很多都是回來的，我自己也是。人員的流動的關鍵是機會或機會成本。在最近一、二十年期間，台灣的經濟，香港的市場，大陸的經濟發展很快，所以到歐美學成之後，工作一段時間再回來的人愈來愈多。如果目前國際經濟情況繼續下去的話，亞洲的留學生回到亞洲來工作或發展會繼續增加。因此人才流動的問題，實際上是一個市場決定的問題。

香港對大陸依賴性日益增加

香港：香港經濟增長對大陸依賴性（資本、旅遊、地產、就業等等）愈來愈大。美國經濟的衰退會減少對香港的進口需求，但不會影響香港對大陸的進出口。值得關注的是源於美元的聯繫匯率，及其帶來的一些問題。聯繫匯率的直接後果是香港金融局有一個是獨立的貨幣政策，這就意味香港金融市場是跟著美國貨幣政策走。美元不斷貶值，因此港元資產也相對貶值，而低利率政策對香港的通漲影響極大。九七年以前建立固定匯率有其當時經濟和政治原因，而今天這些經濟和政治原因發生了多少變化。在今天的環境下（對回歸的信心問題已經基本解決，香港經濟對大陸的依賴性增大，美元繼續貶值等等），是否還需要和應該維持聯繫匯率是值得探討的。目前的聯繫匯率也對人民幣產生相當的壓力。大家預期人民幣升值，所以香港的很多錢就會流到大陸去，對大陸的匯率和換購機制就會有很大的壓力。我個人對人民幣和港幣匯率的看法是，不在於升值或升值多少，而在於機制，既讓人民幣成為自由兌換貨幣，港幣與美元脫鉤。兩種貨幣都可以採取「一籃子」貨幣的匯率兌換政策，是大陸的中央銀行的貨幣政策從僵化的匯率機制下解放出來，讓香港擁有自己獨立的貨幣政策。不然的話，對這兩種貨幣是無法估值的，市場對它們的升值或貶值是無法manage的。至於聯繫匯率是否有必要繼續維持是一個見仁見智的問題。如果看香港經濟結構的變化的話，也許人們會有不同的看法。目前香港的金融局看法是繼續維持。至少在今年年底或明年，金融局負責人退休後才會變化。當初聯繫匯率的建立，的確是有考慮經濟和非經濟因素，尤其歷史原因。聯繫匯率在九七年香港回歸時起了很大穩定作用。當然，當時香港的經濟對歐美經濟依賴程度也很高。但是，這幾年來這些情況發生了很大的變化。聯繫匯率有它的好處：美元很便宜，港元也隨之便宜，出口競爭力自然較強。但是，聯繫匯率卻使香港資產相對貶值，是不是還要維持聯繫匯率是一個值得考慮探討的問題，「一籃子」貨幣的匯率政策也許更能反映香港目前的經濟和國際競爭力。

新加坡經濟成長率看跌

東南亞：美國經濟衰退對新加坡的影響會大一些。新加坡對出口的依賴、對歐美出口的依賴，對資本的流向和通貨膨脹等等，影響都比較大。新加坡經濟成長率跌到百分之一點五的可能性大，新加坡的通貨膨脹率也會上升較快。

馬來西亞、泰國和印度尼西亞：我們最近在馬來西亞投資了一家銀行，所以很關注那裡的情況。我們認為，到目前為止，美國的衰退度對馬來西亞的經濟影響不大。相對來說，馬來西亞、泰國和印度尼西亞對於海外資源依賴性要比新加坡低很多。泰國的主要問題是政治穩定。政治一旦穩定了，經濟的增長就會起來。它的內部的需求沒有太大的變化。

最後談及台灣問題，我想提到的一點就是從經濟增長的情況來說，台灣的經濟情況實際上並不差，並不是屬於危機，而在於經濟增長動力不足，產業結構需要調整升級，金融體制需要整合。

台灣經濟增長動能不足

至於大陸和台灣兩岸關係，我認為會是相安無事，經濟掛帥就是最好的事。一九八五年夏天，我在Foreign Affairs發表一篇論文。我當時的看法是，兩岸分隔這麼長的時間，缺乏相互了解，也無共同利益。因此，最重要的就是減少摩擦，增加相互了解，增加相互經濟往來，建立共同的經濟利益因素，暫時擱置複雜政治問題。廿三年過去了，我今天仍然是這個觀點。

從整體上來看，亞太經濟區從去年經濟增長率平均下降百分之一點五多左右，應該說是可以預見的。對於某些地方影響會大些，例如新加坡和越南。美國的衰退對於其他的國家如韓國、台灣、馬來西亞的影響相當小。而中國大陸的經濟則主要是內部問題。亞洲地區整體來說，經濟增長會放慢到百分之一點五到二，通貨膨脹率會上升百分之二左右。

【專題演講】

兩岸經貿發展新願景

【主持人】田弘茂

國策研究院院長、時報文教基金會董事

美國威斯康辛大學政治學博士。現任國策研究院院長、時報文教基金會董事。曾任中華民國外交部部長、行政院國際合作發展基金會董事長。

專業領域為美國的東亞政策、民主政治及台灣、中國、亞太區域等政經發展。代表著作有中華民國的政治與社會變遷、南京時期的中國政府與政治和亞太安全環境及鞏固第三波民主化等十冊。

【主講人】江丙坤

海峽兩岸交流基金會董事長

日本國立東京大學研究院農業經濟學博士。現任中國國民黨副主席、國家政策研究基金會副董事長。曾任海峽經貿文化交流協會會長、立法院副院長、行政院經建會主委、經濟部長、政務次長、常務次長、中華民國對外貿易發展協會秘書長、駐南非大使館經濟參事處經濟參事。專業領域為經貿。代表著作有《從日本文官制度的內涵與特色談我國人事制度改革之道》、《台灣經濟發展的省思與願景》。

瞻與發展

兩岸經濟
Cross Strait
New Perspective &

打開兩岸經貿癥結 互補互利

由於兩岸經貿關係日趨密切，大陸已成為台商投資最多的地區。依台灣的統計，累計至二〇〇七年十二月赴大陸投資共有三萬六千五百卌八個投資項目，金額為六百四十八・七億美元，占同期台灣對外投資總額的百分之五十四；而依大陸的統計，累計至二〇〇七年十二月止，一共有七萬五千一百四十六個項目，實際到位的金額為四百五十六・七億美元。事實上兩岸的投資金額統計均屬偏低，根據專家學者以國際收支相關資料推估約在一千至一千五百億美元間。而伴隨這些投資，在大陸常駐台商及眷屬估計應超過一百萬人，台商所雇用的大陸員工估計應超過一千萬人。

在台商投資的地區別台商投資主要集中在江蘇、廣東、福建、浙江等地區。另外台商投資行業別，台商以投資電腦電子及光學製品、電子零組件之比重最高，累計達百分之卌一・六，是近年來投資較熱門的行業。

大陸成為台灣最大貿易對象、出口市場及出超來源，近年來台灣對香港與大陸貿易快速成長，已成為我出口最大市場；二〇〇七年對大陸與香港貿易創造七百零六億美元順差，同年台灣對外貿易出超總額僅有兩百七十三・八億美元。

大陸成為台灣出口最大市場

二〇〇七年對大陸與香港的出口比重高達百分之四〇・七（較二〇〇〇年提高約　百分之十六・三），遠超過我第二大出口地區美國的百分之十三。且二〇〇七年我自大陸與香港進口兩百九十八・四億美元比重達百分之十三・六，為我第二大進口來源。

但由於台灣單方面設限，造成兩岸觀光不平衡現象，　累計自一九八七年至二〇〇七年十二月底止，台灣民眾赴大陸旅遊人數共計四千七百多萬人次；同期大陸人民來台總人數計約一百八十六萬人次，二〇〇二年一月開放大陸人民來台觀光後至二〇〇七年十二月底止，累計大陸民眾來台旅遊人數僅達廿五・九萬人次。

觀察兩岸數十年來的發展，台商在大陸約投資一千億美元，促成大陸快速成長，幫助中國成為世界第二大貿易國、第三大經濟體，去年台灣出超達七〇六億美元，經濟成長率中內需只貢獻兩個百分點，其他三個百分點多都靠外需。

大陸是台灣經濟成長最主要的外需因素來源，近幾年來台灣內需的不振（除二〇〇四年之外），經濟成長徒賴外需支撐，尤其是出超全賴對大陸出超迅速擴張的貢獻所致。如二〇〇六、二〇〇七年的外需貢獻度各分別高達百分之三・七八、百分之三・七四。

兩岸經貿發展的癥結

對於兩岸經貿發展的癥結問題，主要是由於兩岸經貿的交流，並未因兩岸先後的加入WTO，而朝更全面性及大幅度開放的正常化發展。其原因包括：

（一）政策演變：兩岸經貿交流從早期的禁止、間接往來，到有條件開放、積極開放、積極管理，兩岸經貿政策一直在經濟與政治因素考量間不斷擺盪，始終未脫離「戒急用忍」政策的窠臼。

（二）禁制情形：兩岸經貿關係尚未正常化，目前仍有諸多限制，影響較大者可分成四個部分：第一、在貿易方面尚未全面開放大陸農、工產品進口；第二、在投資方面，對大陸投資與技術合作的產品或經營項目仍有所限制；第三、在金融方面，除了銀行被列為禁止赴大陸投資項目外，一般台商所企盼的回台股票上市、發行存託憑證、募集資金等集資方面仍受太多的限制；第四、兩岸直航方面，兩岸海空客貨運輸的直接往來，是兩岸三通課題中最複雜、最困難的部分。

不過，新政府對包機直航的規畫，總統當選人馬英九先生指示今年七月要推動周末包機，明年推動平日包機，明年七月推固定包機，目標是今年達到每天名額三千名旅客、明年五千人、後年七千人、第四年達一萬人。數量將與開放大陸觀光客來台一致。

兩岸缺乏有效對話與溝通管道

對於兩岸經貿交流的瓶頸，台灣內部仍存在經濟「全球化」或「中國化」的爭議，對於大陸崛起是機會還是威脅，仍有所爭議。同樣地，台灣內部對兩岸經貿有所期待，但也心存疑慮。另外，兩岸缺乏有效的對話及溝通管道也是兩岸經貿交流的瓶頸之一，其原因有：

一、兩岸官方正式對話管道（台灣海基會與大陸海協會）中斷，目前僅有官員以民間團體身分進行少數經貿議題（包機、大陸旅客赴台旅遊）之技術層級諮商，進展有限，無法根本改變兩岸現況。

二、大陸方面推動與台灣政黨（國民黨、親民黨）間之溝通對話，對緩和兩岸緊張氣氛有顯著功效，但由於台灣複雜的政治生態環境，影響政策的有效推動。

未來大陸台商發展所面臨的挑戰，主要是投資門檻的逐步提高，面對沿海地區政策的由「招商引資」轉變為「挑商選資」，以及當前以中、西及東北地區為發展重點的政策傾斜，使得沿海地區傳統產業台商生存空間愈來愈小、投資門檻愈來愈高，面臨繼續轉移到生產成本相對低廉的內地或北部發展，以求企業存續；或進行產業升級或轉型，從事高科技產業或投資服務性行業等的新抉擇。

而初級生產要素取得困難，生產成本明顯增加，也是台商面臨的重大挑戰。這些挑戰包括：

（一）台商遭遇大陸全面性的勞工短缺問題。甫於今年初開始實施的勞動合同法，更對台商勞動成本的增加形成沉重的壓力。

（二）近期大陸的宏觀調控政策，從城鎮土地使用稅提高兩倍、到新增建設用地土地有償使用費提高一倍、開徵百分之卅至六十的土地增值稅等，都讓台商土地取得難度和用地成本大為提高。

（三）大陸近期的兩稅合一、出口退稅、加工貿易及利率、匯率政策等等，對台商資金的調度更產生嚴重的影響。總而言之，大陸已不再是廉價的加工製造基地。

三、市場競爭日益激烈：二〇〇四年以來，一千大台商與五十家大陸民營企業的總體差距有所縮小，二者的規模卻仍相當懸殊，但不容諱言的大陸民營企業的本土優勢及強烈的學習、模仿能力，已給台商帶來相當大的壓力。

四、政策快速變動的困擾：近年來大陸經濟體制改革步伐不斷加速，台資企業的投資與經營活動常遭受到政策不規範或彈性度太大的困擾，比較明顯的包括行政辦事效率、投資協調服務、公平經濟待遇、企業安全保障等；此外，如稅外收費名目仍不少的無形成本的增加，也是困擾台資企業的主要問題，嚴重打擊台商的投資信心。

五、智慧財產權保護環境仍有待改善：目前任意仿冒、惡性挖角員工、不當取得營業Know-How等現象仍層出不窮，不僅影響大陸的投資形象，也阻礙台商對大陸技術轉移和在大陸設立研發機構的意願。

擱置爭議 務實加強經貿合作

面對這些嚴峻的挑戰，兩岸經貿關係互補互利，若能依據連胡會五大願景，擱置不必要、且在目前無法解決的政治爭議，務實加強經貿合作，共謀未來正常發展，造福兩岸人民，才能開創兩岸「互惠雙贏」的局面。兩岸並在政治和諧、經濟合作的基礎上，促進兩岸在九二共識的基礎上儘速恢復平等協商，推進兩岸關係良性健康發展。並促進正式結束兩岸敵對狀態，達成和平協議，建構兩岸關係和平穩定發展的架構，包括建立軍事互信機制，避免兩岸軍事衝突。建立密切的經貿合作關係，包括全面、直接、雙向三通，開放海空直航，加強投資與貿易的往來與保障，進行農漁業合作，解決台灣農產品在大陸的銷售問題，改善交流秩序，共同打擊犯罪，進而建立穩定的經濟合作機制，並促進恢復兩岸協商後優先討論兩岸共同市場問題。同時促進協商台灣民眾關心的參與國際活動的問題，建立定期溝通平台。

恢復協商　推動關係正常化

未來五二〇新政府上台後，將會在建立互信的基礎上，盡速恢復兩岸協商談判，積極推動兩岸經貿關係的正常化、開放三通直航、加速開放大陸觀光客來台、開放陸資來台投資生產事業、適度鬆綁對大陸投資的百分之四十淨值比例上限及產業別的投資限制，但鼓勵關鍵技術留台。建立兩岸金融預警及防衛機制，促成兩岸金融監理機制運作，協助金融業以更有利條件進入並開拓大陸市場。開放人民幣掛牌兌換，放寬國人投資含陸股成分之有價證券，同時亦適度放寬陸資投資國內股市。

最後，期盼兩岸能開啟經貿協商的新時代，未來海基會最關鍵的工作，是根據WTO的規範，推動各部門與中國的經貿正常化，包括如人員、資金與貨物的往來。過去和美國談判經常是斤斤計較，未來兩岸談判事項都是對兩岸有利的事，應該較容易。其中，關稅是最重要的項目，中國有兩千多項產品還不能進台灣，未來兩岸要推共同市場，真正的意思就是貨物自由往來，其中百分之九十必須零關稅。兩岸要完成「綜合經濟協定」，但這不是一蹴可及，包括關稅減讓的部分，未來將是「苦戰」。

產業前進大陸 有待解除管制

在資金往來方面，人民幣兌換現在是以行政命令來做，未來要有清算機制；現在台灣多項農業、工業、服務業進中國還有管制，未來希望大陸能逐項開放。

例如，台灣服務業登陸還有五項受到管制，包括金融業登陸設點，這是台商最關切的問題；在台灣要求大陸開放的同時，對方也一定會要求來台灣設點，因此兩岸必須協商。有關開放大陸產業來台一事，就要靠跨部門協商，主要原則就是對台灣經濟有利的產業，優先開放，讓大陸成為外資。

至於台商權益保護將是海基會重要責任，現在中國台商普遍碰到環保、工資上漲等問題；另外，也要協商投資保障協議，以及避免雙重課稅協議。

尤其重要的是，現在必須推動兩岸經貿正常化，加入世貿組織，台灣原本速度較快，但受到國際上多方面要求，結果到二〇〇二年才和中國同時入會，這已使兩岸經貿正常化有進展，否則現在經貿正常化要做的事會更多。

很多人主張以台灣的技術、創新加上大陸市場，雙方合作去賺世界的錢，這有何不可？但是，現在高科技業很多標準用歐美的，兩岸如果能共同制定標準，台灣產品便可以捷足先登。

最後，在這裡要強調的是，兩岸的科技論壇，不能只有談標準，應談進一步合作，「把餅做大」，過去企業都是單打獨鬥，例如，一雙運動鞋一百元，台灣幫人代工只賺二十元，但品牌廠商賣四百元，賺二、三百元，五大電腦廠商目前利潤只有三、四%，彼此競爭削價，為什麼不能坐下來談合作？另外，能源的合作、台灣核廢料的處理都是兩岸新的機會，過去國共有經貿論壇做為橋樑，未來海基會應繼續扮演這樣的角色。

【產業布局】

面對
台灣經濟 新局與
Taiwan Economic
New Perspective & Development
陳 添枝
焦 佑鈞

【主持人】薛琦

世新大學經濟學系教授

美國凱斯西儲大學經濟學博士。曾任台灣金融研訓院院長、台灣大學經濟學系系主任、中央大學管理學院院長、中央大學產業經濟研究所所長、德國柏林自由大學客座教授、行政院經濟建設委員會副主委、APEC經濟委員會副主席、經濟部貿易調查委員會委員。專業領域為經濟發展、產業經濟學與國際經濟學。

【與談人】劉遵義

香港中文大學校長、中央研究院院士

美國加州大學柏克萊分校哲學博士。曾任美國史丹佛大學李國鼎經濟發展講座教授、亞太研究中心共同主任、史丹佛經濟政策研究所主任，二〇〇六年獲史丹佛大學頒授李國鼎經濟發展榮休講座教授銜。現為Phi Beta Kappa和Tau Beta Pi會員、計量經濟學會院士、中央研究院院士、Conference for Research in Income and Wealth會員、劍橋大學邱吉爾學院海外院士、中國社會科學院榮譽院士，以及國際歐亞科學院院士。專研經濟發展、經濟增長，以及包括中國在內的東亞經濟。

【與談人】宦國蒼

Founder & Chief Executive Officer of Primus Pacific Partners Limited

Founded in 2005, Primus Pacific Partners Limited is an Asian private equity fund with a focus on financial services. Dr. Huan is a board member of Qatar Financial Center. Prior to founding Primus Pacific Partners Limited, Dr. Huan was the Head of Investment Banking, Asia-Pacific, HSBC and Co-head of Investment Banking, Asia-Pacific, CitiGroup, and holding senior positions at other major multinational banks. In the meantime, he helped foreign investors invest in three publicly listed State-owned banks in China. (China Construction Bank, Bank of China and Industrial and Commercial Bank of China).

Dr. Huan received a Ph. D. degree from Princeton University . He was a John Olin Post Doctoral Fellow at the Center for International & Strategic Studies, Harvard University , Senior Fellow at the Atlantic Council of the U. S., and Research Fellow at the Brookings Institution.

【與談人】施振榮

宏碁集團創辦人、智融集團董事長

宏碁集團創辦人，其創立的Acer品牌躍居為全球第三大個人電腦品牌，由他一手創立的ABW家族二〇〇七年營收規模更已達一・四兆元。二〇〇四年底，由宏碁公司退休後投入公益活動，並積極推動「品牌台灣」的理念，要協助更多台灣企業品牌站上國際舞台。

【與談人】王鍾渝

東隆五金工業股份有限公司副董事長

中原大學化工系畢業、中原大學榮譽博士、哈佛大學高階主管研究班結業。現任東隆五金工業股份有限公司副董事長。曾任中國鋼鐵公司工程師、主任、處長、副總經理、總經理、董事長，經濟部國營事業委員會執行長，東南亞鋼鐵協會(SEAISI)中華民國分會理事長，台灣區鋼鐵工業同業工會理事長，立法院立法委員與中美經濟合作策進會理事長等。

【與談人】焦佑鈞

華邦電子董事長

美國華盛頓大學電機工程學碩士。現任台灣區電機電子工業同業公會理事長、華邦電子股份有限公司董事長。曾任華新麗華公司董事長。

【與談人】史欽泰

清華大學科技管理學院院長

美國普林斯頓電機博士，史丹佛大學MBA，現任清華大學科技管理學院院長及工業技術研究院特別顧問，為前任工研院院長。學成歸國後旋即加入工研院行列。秉持「專精、務實」的經營理念，使得工研院不僅滿足產業需求，同時躍身國際知名研究機構之林。並在廿世紀末積極推行「組織活化」及「全資源經營」，期使工研院邁入知識經濟的新里程。

【與談人】陳添枝

行政院經濟建設委員會主任委員

美國賓州州立大學經濟學博士。曾任台灣大學經濟系教授、中華經濟研究院院長。專業領域為國際貿易、經濟發展。著作有《生產配額與生產效率：台灣洋菇、蘆筍、鳳梨罐頭聯合產銷的實證分析》、《進口替代與出口擴張：相容或相斥》等中、英文著作。

【主持人引言】

兩岸新經濟 迎接新契機

—薛琦

謝謝大家繼續參加進行二場的座談會，我們的主題是「產業布局」與「經濟環境」，根據最近德國IFO的統計資料，它每一季會做一個world economic survey。在最近一次今年二月的survey中顯示，現在全球經濟是在水平下面，不是會不會有衰退，而是進入所謂的recession區域，而且繼續往下掉。現在的問題是這次的衰退會有多深、多長？如果經濟會在谷底停滯一段時間就很麻煩了。

當全球經濟都衰退的時候，中國大陸的saving rates大約是百分之

四十二、四十三，它的投資率有百分之四十，當全球經濟都下來的時候，我想大家都會往西邊看，很冀望中國大陸能夠為全球經濟的衰退提供一個緩衝墊（cushion），讓它軟著陸。再者，如果中國大陸的投資率是百分之四十，除以經濟成長率百分之十就是四（倍）。換言之，中國大陸每增加一塊錢的產出，要投資四塊錢。在很多國家中，這個數字是很高的。

這裡引伸出兩個問題：一個是中國大陸的投資率太高了，而且對資源的使用效率不是很高，更值得注意的是它的儲蓄率更高。因此，為了她自己，也為了全世界的經濟，中國大陸可以讓市場多發揮一些力量，像是利率、匯率的調整，一定可以排除很多沒有效率的投資。另則多做些小型、地方性的軟硬體投資，像是中、小學教室、地方醫院、提升健保品質等，以去除過多的儲蓄。

在這樣的大環境下，台灣事實上具有一個別人沒有的優勢，就是在全球的經濟都不看好的時候，對台灣而言，卻有一個新的契機，就是兩岸經貿關係的正常化。我們過去經濟為什麼不好，就是政府在兩岸經貿活動設下層層的障礙，這對台灣的投資環境是一個最大的破壞，一旦把這些障礙移除，一定會創造很多的商機。譬如兩岸不能直航，造成人貨往來很大的不便，平白喪失了台灣做為轉運及營運中心的地位，在台灣的外商不再以台灣為營運中心是最好的例子。台灣吸引人的觀光旅遊業也喪失了許多商機。甚至台灣對上市公司前往大陸的投資也層層設限，也使得台灣的上市公司下市、減資或轉往他處上市，這是台灣資本市場近年來為何不能快速發展，甚至陷入停滯的主要原因，兩岸之間工業產品還有一千兩百項進口商品受到限制，這更影響了外商來台投資意願。

如果我們能大幅撤除這些限制，讓台灣成為一個真正的開放經濟，尤其在全球經濟正在往下掉的時候，一定可以為台灣找到一條新的活路，開創一個更明亮的機會。

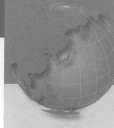

建設台灣科技島 提高人均所得

—劉遵義

需不需要考慮新布局是決定於外在與內在經濟環境的轉變，沒有轉變就不需要考慮產業重新布局。重新布局最主要的目標，是在經濟環境轉變下，維持相對較高、同時也在成長的人均所得。在面臨很多挑戰、競爭之下，如何在重新布局後，能讓台灣人均所得維持高的水平與繼續成長，在這方面政府是有責任，有角色的。

因為如果經濟自己會轉變，那麼也不需要政府去介入談產業布局了。政府要提供怎麼樣的政策與環境，讓企業能夠重新創造它們的比較優勢？David Ricardo講的是天然的比較優勢，但實際上的比較優勢，則是需要自己去創造，所以能創造比較優勢的人，就能有可持續的比較優勢。

剛才施振榮董事長講的核心能力(core competence)，核心能力應當是可以自己創造、自己訓練出來的，不是天生就有的。以台灣積體電路(TSMC)的歷史為例，當年沒有政府的支持和參與的話，今天恐怕是不會成功的，因此，在經濟轉型時候，需要政府有一個支持的政策，才容易做得成功。台灣要發展成知識型經濟，創造自己的品牌或專利，是台灣需要走的方向。台灣企業要好好利用大陸這個市場，假如要走智慧財產這條路，就要有一個相當大的市場，才能夠成功到一個地步，否則光是靠台灣的市場是不可能做成功的。

在服務業方面，台灣還是有成長空間。旅遊其實是一個很大的服務業，旅遊業在台灣轉型之中，可以扮演一個很重要的角色，它有一個特點，就是說你要來台灣觀光就非要來台灣不可，所以發展旅遊業就能創造很多低技能但跑不掉的就業機會。因為能夠跑掉的就業機會都已經跑掉了，香港也是面臨同樣的問題。

在轉型之中要考慮的其實不是高技能勞動力的就業，而是低技能的勞動力的就業，這正是要靠低技能的服務業來提供他們就業的機會。香港就是一個很好的例子，香港在二〇〇三年SARS危機之後，經濟就非常慘，但是後來經濟復甦，其中一個原因是中國經濟發展非常好，有很多股票在香港上市，提供香港經濟很大的幫助；但是對香港就業而言，更重要的是開放自由行，大陸人民可以自由去香港訪問。現時香港每年有兩千八百多萬名遊客，其中超過一半是從大陸來的，大大擴張了對香港服務業的需求——飯店、餐飲、零售和交通，就是因為如此，香港的失業率，尤其是低技能勞動力的失業率，可以有很大幅度的下降。

不過服務業帶動的經濟繁榮是過渡性的，因為它只是創造一些低技能，也比較低收入的就業機會。長期台灣可以考慮做區域性的教育樞紐，因為台灣大學人均恐怕是東亞最多的，也開始面臨過剩的問題，因為人口增加不夠快。但是台灣也應該要了解在對岸，大陸對大學的要求是非常高的，所有的家長都會期望他們的兒女（尤其是只有一個）念大學。大陸現在情況我覺得是不能滿足他們的需求的，所以可以考慮怎樣把台灣辦成一個教育中心，吸引大陸學生來念大學。你再想深一層，假如能有大陸學生來台灣念四年書再回去，對台灣跟大陸都是好事，增加對台灣的了解和合作。當然還有很多需要解決整合的問題。

另外還有一個是醫療衛生方面也有很大的需求，泰國已經變成亞洲一個很重要的醫療中心，醫療觀光業已經成為泰國的一個很重要的產業，台灣也是可以做得到的。最後我還是希望台灣能變成一個科技島，變成中國的矽谷。

兩岸金融業務　有待開創新局

——官國蒼

我在金融業服務近廿年，想舉台灣銀行成功進行戰略布局的案例，來說明台灣銀行業的面臨的挑戰與機會。幾年前我在花旗集團服務，負責其亞太地區的投資銀行業務。一九九九年，花旗集團在台灣投資富邦金控百分之十五的股權。

花旗集團入股富邦金控前，富邦金控下面有幾家分開、沒有整合的子公司：一家銀行、一家壽險保險公司、一家資產管理公司、一家證券公司，一家財險公司。花旗集團在每家公司都投資了百分之十五的股權，並與富邦金控將上述五個平台整合成一個平台。這是第一步，這樣操作使富邦金控的整個效率提升許多。

第二步就是就是收購台北銀行。到今天為止，這應是台灣最大的銀行兼併案。收購銀行後，富邦銀行在台灣規模就足夠大。

第三步是極有戰略眼光的：即收購了香港的港基銀行，也就是今天的香港富邦銀行。這是一個mission impossible，因為兩岸三地當時的政治和監管環境相當複雜。但是，富邦金控辦到了。這也是唯一的一家台灣銀行在香港成功地收購了銀行。這一收購使得富邦金控在台灣的業務跟香港連結起來，並且進入大陸市場。今天這個香港的平台已經對富邦金控的業務起了相當大的支持作用，因為富邦金控的客戶（特別是企業客戶）都在大陸投資，需要富邦銀行為他們提供服務。

那第四步呢？富邦金控會在大陸入股一家商業銀行，開拓大陸業務。

這是一個台灣金控／銀行在相當困難的環境中進行戰略調整，而且成功的典型案例：第一，它把業務整合起來。第二，它在台灣又買了一家銀行，做金融整合。實際上台灣的銀行最近經過了一次不小的危機，以台灣大約兩千三百萬人口規模，四、五十家銀行顯得太多了，政府是否應該引導銀行業的兼併與整合，應該是當務之急。

第三是向海外發展。金融業是服務業。也就是說，客戶在哪裡服務就要在哪裡。但是，台灣的銀行有沒有跟上台灣的客戶到東南亞或大陸去？

目前，台灣的居民愈來愈多到大陸去。他們到大陸後的消費信貸、信用卡的業務需要台灣的銀行來提供。台灣的企業則更是如此。目前看來，台灣的銀行或台灣的保險公司在這方面做得有點不夠。這裡面當然有兩岸政府的一些問題。如果兩岸的政府是希望台灣的企業在大陸市場有更好的發展的話，那麼它們就必須考慮怎麼為兩岸的金融機構對在雙方的市場上開展業務提供更便利的條件。這應該成為大家高度關注的事情。台灣的企業在大陸發展也好、到其他地方發展也好，是需要金融的支援，需要資本的支援。作為一個金融服務業的工作人員，我是希望看到有這方面的長足發展，這對兩岸經貿關係、對台灣金融業發展，都有很大的幫助。

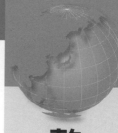

整合全球資源　創造品牌價值

——施振榮

談台灣經濟發展未來的出路，首先要了解目前全球經濟發展的大趨勢——「世界是平的」，在世界是平的發展趨勢下，台灣如何才能變成贏家，關鍵就在於能否在全球化的浪潮下，讓台灣的定位變成全球資源的整合者、或是被整合者的地位，在全球價值鏈中占有一席之地。

就實際發展來看，台商目前已扮演兩岸資源的整合者的重要角色，且台商同時也在跨國企業的供應鏈中扮演被整合者的角色，這樣的定位也有助台灣的產業競爭力不斷提升。

由於「世界是平的」，台灣定位的一個重要思維，就是要有效整合全球最佳的資源，而且不單單只是國家內部的資源，如此在全球化的競爭中才能具有競爭力，同時展現整合的價值所在。這也就是為什麼日本企業在過去十年競爭力慢慢消失，因為日本僅整合內部的資源，但是卻沒能整合全球的資源。

除了扮演整合者的角色外，如果要扮演被整合者的角色，就要在該領域內變成全球的領導者，成為其他人的最佳選擇，才能夠被選為被整合者。這兩個角色幾乎每一個公司、任何一個產業都同時存在，不管是扮演整合者或被整合者，能提升整體的價值是關鍵所在，能創造價值才有機會變成整合者或被整合者。

要成為這樣的贏家，必須要有個新思維，就是身為整合者必須要把全世界的最佳資源整合在一起，因此很重要的一個手段就是要外包，自己不能什麼都做。當然身為整合者把別人的資源整合進來以後，自己要面對消費者，面對客戶。

「什麼都能外包，但責任不能外包」，身為整合者就要負起所有的責任。而要整合全球資源，就要對產業有所了解，且要有足夠的經營知識。

品牌經營者可以說就是全球資源的整合者，雖說台灣未來也要有當全球資源的整合者的角色，只是在過去台商做品牌的企業相對較少。做品牌就要面對消費者，要面對從客戶端到研究發展端的活動。

品牌業者雖然將製造外包，本身還是要建立核心能力，核心能力是無法外包的能力，比如說企業要打品牌，就必須要有了解市場並引導創新的能力，因為創新的方向若錯了，就不能創造品牌的價值，因此打品牌的人要建立了解市場的能力。不僅如此，身為品牌經營者，還要建立很多核心的能力，才能成功整合資源。

身為整合者，尤其要建立一個成功的營運模式（Business model），也就是一個創新分工的整合生態。在這個整合的體系裡面，分工要非常清楚，且必須要是一個能創造多贏的生態。因為要整合那麼多資源，每個參與者都要照顧他們的潛力，透過合作協定，讓每一個被整合者扮演好各自分工的角色，如同Internet的發展就是透過網路協定，將全球資源整合起來。

因此台灣未來的出路，要不要扮演整合者的角色，如果要，首先就必須要有這樣的思維，如此才能善盡整合者的責任。

至於扮演被整合者的角色，實際上台灣過去已有很好的進展，尤其在高科技產業，業者歷經分分合合，分割合併，精益求精，在各自的領域做到世界屬一屬二的地位，如此才有被整合的價值。最重要的是，多年來在業者的努力下，已經讓國際上的跨國整合者看到台灣是非常值得被信賴的被整合者。而且台灣很多高科技產業在全世界占有率百分之七、八十以上，已經具備扮演被整合者角色的基礎。

若台灣要進一步成為整合者，朝成為品牌整合者的方向努力，我認為只要觀念改變，不要花大錢，只要把台灣現有的資源優勢加以轉型，整合起來，就能創造出新的價值。且相對於其他的投資，投資品牌現階段可謂是風險是最低的投資，可以由小做起，製造全部外包。

不過相較於製造與研展，過去台商較少有打品牌的經驗，真正的關鍵在於舞台，台灣需要創造更多的舞台來培養這樣的經驗。且這種人才不像培育製造的人才，十年就能訓練得出來；也不像研展的人才，二十年就能培育出來，這種打品牌的文化可能要有兩代的時間才能訓練出來，因為這個跟市場、跟文化有關。

所以從這個角度來看，今天不做品牌的整合者，將來一定後悔，因為台灣空有那麼多被整合的優勢資源，不如由自己來扮演一個整合的角色，整合全球資源，台灣相對是有條件的，台灣在這方面應該值得再去努力。

最後談到台灣經濟發展的新格局，第一個就是傳統產業的科技化與品牌化，台灣要將傳統產業與科技整合，同時朝品牌化發展，在這方面台灣還有很大的發展空間；此外，台灣在數位產品的品牌化方面，高科技產品的品牌化還是有很大的機會。

此外，服務業的科技化與國際化，也是台灣未來可以發展的方向。服務業的產業規模很大，占GDP的三分之二以上，而且仍有很大的成長空間，目前台灣的製造業水準已經達到A、A+的等級，但台灣的服務業水準只有B-、C+，未來還有很大的努力空間，主要是因為過去服務業在保護主義下發展，缺乏國際競爭力。因此如果台灣的服務業能夠朝科技化與國際化發展，國際化就等於有一百倍的台灣市場，未來發展潛力極大。

另一個關鍵是，我們要以市場為導向，結合科技跟服務。台灣未來高科技的發展，應該要跟服務業有效地結合。蕭副總統今早談到「創新」，他認為台灣缺乏的是原創性，但我覺得台灣更缺乏的是國際行銷的能力，也就是整合的能力。因為如果僅有原創性，卻沒有行銷的能力，所能創造的價值是有限的。因此台灣要持續投入發展創新能力、整合能力，做為台灣未來的核心競爭力，同時也要具備對市場的洞察力（Insight），能夠看到市場的需求，如此才能將創新的能力應用到對的地方。

今天跟各位報告的，都是我過去切身的經驗與未來要持續投入的方向，雖然很多努力及付出不見得會立即看到成效，不過我覺得這是台灣未來應該要努力的方向，值得繼續投入。

整合資源　拓展基礎原料產業

——王鍾渝

當我得到這個訊息，要來跟大家談產業布局的時候，我就想這個到底是要談什麼?因為在我的認定，台灣產業新局，是談整個國家產業的布局，還是談每一個產業怎麼去發展布局?假如以整個國家產業的布局，那就要從農業開始、勞力密集的加工業、資本密集的基礎原料工業、技術密集的高科技，包括數位產業，還有以理念、文化為主的服務業，包括文化創意產業，再來就是節能減碳的綠色產業。至於我們國家將來整個經濟發展的政策上，我們希望在經濟的產值上多少百分比是由哪一個產業來發展或產出呢?這樣的國家產業布局，應該是由內閣去決定與推動，所以我還是不討論此問題。

就個別產業而言，剛剛施振榮董事長針對科技產業，要我們怎麼樣去做資源整合的問題，談個別產業又是不一樣的。比如說農業，沒有一個國家會把農業放棄掉的，不管農業條件是多麼困難、土地是多麼貴、農民工資多高，都不能放棄農業。那麼在一個土地價值高，人工成本高的國家裡面，農業應該怎麼辦呢？農業是將來地球上決定國家的國力與生存的基礎。現在我們看到世界有糧食的問題，重視農業是必需的。

所以說，我覺得我們台灣農業的定位應該走向精緻化品牌的理念，如施董事長特別提倡的「品牌」定位。可是即使走向精緻化、品牌化，也必須要有市場。中國大陸是最好的市場，所以海峽兩岸合作起來，農業是相當有好的發展空間。

我個人過去工作的經驗，是在比較資本密集的基礎原料產業。這種資本密集的基礎原料產業，對並沒有任何天然資源的台灣，以前我們向下游加工業做垂直整合來支撐產業的發展，可是現在慢慢下游加工業開始外移後，再談台灣資本密集的基礎原料產業布局的話，必須要push往上游的天然資源整合。如果要往上游的天然資源整合的話，那又牽涉到海峽兩岸的問題。

我們在小學念書就知道，中國是個天然資源富饒的國家，中國有多的不得了的天然資源，可惜的是我們沒有把天然資源充分的使用，所以我們應該利用台灣在資本上與技術上的能力，整合中國的天然資源，把中國的天然資源做最有效的使用。可以結合世界上許多的產業界，利用中國的天然資源，利用台灣的技術能力，把這部分整合後，再加上部分下游加工產業利用中國勞力，做為世界製造的工廠。所以台灣未來結合資本密集的基礎原料工業，此時它的整個布局應該向上往天然資源方向去整合。

過去我曾經在山西作了一個天然資源投資，看到將來中國天然資源能夠在世界上展現的力量。所以我覺得海峽兩岸是有很多合作的空間。

待會兒我們有焦佑鈞董事長談新興的科技產業，由於新興科技產業發展的比較晚，所以它一開始就面對一個世界的統一標準，具有了世界統一的標準後，這些新興科技產業要規模大，才有競爭力行銷全球市場，這與打開中國市場又變成密不可分。

我記得曾經在一場座談會上，上海企業界的朋友談中國企業的國際化，當時有人說：「我不能理解中國企業談什麼國際化，為什麼中國企業要國際化？」他接著說：「中國有十三億的人口，請問哪一個國際市場能夠有十三億人口的市場？一個企業在歐洲、美國都有市場，加在一起也不過五、六億，中國有十三億人口，如果一個中國企業能夠全中國化，那就變成一個不得了的國際大企業啦。」他這個理念有沒有錯？從市場規模的角度來看，應該是對的。這也就是為什麼談到經濟、談到市場，對中國都非常嚮往，一直認為中國未來看起來是世界經濟的希望。

但我以為，假如中國的經濟發展，有一天追上先進國家，各位想一想，十三億人口所需要消費的能源跟天然資源是從哪裡來？這些能源跟天然資源會造成整個世界經濟非常大的衝擊。如果中國的力量發揮起來，一定要掌控世界能源部分；不幸的，中國就是缺油，在能源方面，中國不是那麼富有的，海峽兩岸要怎麼合作，才能在能源的市場上布局，如果現在不能布置得很好，將來中國發展會受到限制，因為能源是它最大的致命傷。雖然中國缺油，但很多的煤，如果台灣可以研究把煤轉換成油的能源，有了技術轉換，就可以利用中國的煤，來解決未來中國在石油方面短缺的問題。

至於服務業，雖然施董事長說，我們是B-、C+。服務的理念沒有進展到精緻程度的時候，就進入不了市場。中國的服務業理念上還需要努力的尚多。在服務業的發展上，我看台灣還是會比較迅速。在服務的面向上，每一個地方有自己的文化特色，建立在它的文化基礎上，服務業有相當多地方性的特質。我想不管是哪種產業，在重要的布局方向，應該有個別考慮的因素。

洞悉局勢變動　掌握新機

—焦佑鈞

電機電子產業是台灣非常重要的產業，其上中下游的產值，大約占台灣工業總產值的一半，內外銷也占台灣整體內外貿易總額的一半；從兩岸的經貿統計數字來看，電機電子產業在台灣對大陸投資金額的占比也是一半，這是一個十分一致且容易記憶的數字，提供各位參考。

產業發展是從勞力密集逐步邁向技術密集，台灣的產業發展目前已經漸趨成熟。以電機電子產業為例，從上游到下游的供應鏈非常完整，並且掌握了關鍵性零組件的技術基礎，在國際上具有舉足輕重的地位。面對全球化以及新興國家快速崛起的趨勢下，台灣廠商必須持續發揮創業的精神，在全球經濟體系中尋求新的定位與發展契機。

在過去幾十年來，我們看到許多技術發展帶動了所謂的「二次工業革命」，但是技術發展是持續不斷的，例如近來經常提及的議題——「軟性電子」，已經成為全球新興產業的代表之一，這項技術在世界上仍屬於先期發展的階段，台灣的工研院也積極投入相關的技術研發。何謂軟性電子？舉一個最具代表性的例子就是電子紙。台灣由於擁有半導體產業的優勢基礎，所以我們認為軟性電子有機會成為繼兩兆產業之後的明星產業。

再者，因應高油價時代來臨，以及降低溫室效應氣體的排放量，各國皆致力於推動綠色能源產業，經濟部也將太陽能光電、LED照明、柴油等七項能源產業列為台灣綠色能源產業的重點發展項目。目前台灣LED的產值已經居世界第二，僅次於日本，但是LED照明器材的標準還有很大的討論空間。最近一則新聞報導了美國的ITC同時對亞洲的三十家公司提告，表示藍光LED的技術是美國哥倫比亞大學的專利。如此一個重要的產業，關鍵技術卻不在我們手上，如同蕭副總統所提到的，我們並沒有掌握原創性技術。此外，在太陽能產業發展上，台灣已有廠商列名世界前十大，但是太陽能產業在全世界都在萌芽的階段，還有很大的創新空間。面對全球經濟的競爭，我們必須要培育人才、掌握原創性技術、整合產學界的資源，才能與國際同步，掌握先機。

提高附加價值的另一項關鍵就是品牌的開創，台灣過去在製造業的發展成就斐然，擁有良好的知識與經驗。品牌的發展，如施振榮董事長所述，重點在如何善用資源，但是我相信還需要紮實技術與設計創意作為後盾。

現在我們耳熟能詳的ACER、ASUS、旺旺、統一、康師傅、捷安特，都是台灣企業成功發展品牌的最佳例子。而在通路方面，原來的Notebook製造商—藍天電腦，打破製造能力瓶頸的思維，在大陸開發通路品牌，現在已成為大陸連鎖通路的知名品牌。

台灣品牌起步發展較晚，未來仍會面臨很多挑戰，但我們很幸運的是擁有相同文化的大陸市場讓我們練兵，我們需要思考的是如何從教育做起，在人才培育的過程當中，鼓勵開放式的創新思維，成為真正的創意人。

前面我們談了很多對應普遍性經濟發展的議題，以及世界經濟發展的趨勢，我個人認為今年三月廿二日大選之後，台灣產業在自家門裡面臨一個最重大的改變，那就是新政府上任後，緊接著將推動的多項新政策，這個對企業的影響相當大。

新政府將促進兩岸經貿關係正常化、建立共同市場列為重要政策。以兩岸通航為例，若我們以桃園機場為基準，五小時經濟圈所包含的人口及市場是相當可觀的，我相信許多企業的兩岸發展策略必然要有所調整。除此之外，如何結合台灣資訊電子技術與大陸的市場潛力，創造一些屬於大中華經濟圈的產業標準與自由品牌，擺脫過去的經營模式以及「保三保四」的困境，將附加價值提高到十、二十、三十，是值得兩岸政府與民間企業共同思考與努力的。

另外一方面，當前大陸經濟正面臨轉型的時期，且讓我們回想一下，在一九八〇年代台灣產業面臨轉型升級的時候，我們思考的是如何提升附加價值，並且推動電腦化與自動化；而大陸面臨轉型的問題，同樣需要自動化的提升，在這過程中會有機械設備的購置與升級，這對台灣的機械工業而言是非常好的機會。

又如課徵能源稅，提高能源相關經費，發展低碳建築、造林計畫，以及未來超出排碳標準的企業必須參與造林、植樹，或者發展其他減碳計劃等，這些政策的執行也將促使企業更有效地使用能源，同時也凸顯了節能減碳以及綠色產業未來的發展性。

而在人才培育方面，未來兵役制度的改革、大學教育品質的改善，將會使企業與學校教育結合更為緊密。還有放寬外國人才居留規定、出入境，這對企業在人才的招募、選任、培育、規劃上都有很大的影響。

馬蕭團隊有兩百多項列管的政見，企業面臨這些變革不論是在營運、布局、市場拓展等大大小小的策略上，可能都有需要調整的地方。惟有掌握這些變動，才能即時因應掌握新機。

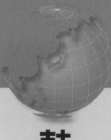

鼓勵知識經濟　發展2C產業

—史欽泰

在這個新局與未來的展望下，談產業的布局是很重要的。台灣的產業在過去一段時間，大家會覺得比較悶，但最近氣氛變得不同了，代表大家有一個新的期待，好像有一個新的信心出來，信心對我們產業長期投資是有益。雖然全球變化非常快速，但是某種程度的信心，才會讓我們真正去思考布局，所以我覺得這個時機來談這個是滿恰當的。

台灣的產業基本上競爭力是滿強的，如同早上蕭萬長先生提到的創新能量，台灣企業的創新能量，雖然還是有很多的缺點，像代工的模式，施振榮先生的微笑曲線兩邊，我們做得不是很好。但若從基本上去看，台灣的企業在過去幾年其實已進行滿多的轉型，希望創造突破的機會，這表現出來我們全球供應的製造能力，這製造的能力不是只有會便宜做而已，我們也掌握了相當多的智財權，雖然這些智財權不是最原創的，可是它已代表相當的量，與相當的質。

我們在全球製造是有相當的地位，台灣應重視這個競爭優勢。比如說，能源是有限的，隨著高價時代來臨，我們要追求優質環境，這樣也非常符合經濟發展所要顧慮到的。從這個角度來講的話，台灣過去所累積的，不管是整合者或是全球被整合者也好，能夠在裡面扮演一個角色，表示世界大廠對台灣企業有相當程度的信賴感，在整個chain裡面我們能扮演這個角色，是因為有值得被人家信賴的能量存在，這個是一個非常重要的基礎。這個基礎在我們轉型的時候，是一個重要的利基、一個優勢，這個是非常不容易建立的。

尤其過去幾年，台灣慢慢轉型到知識經濟的社會，全球化會愈來愈是一個open的架構，所謂的開放的創新的整合，這些整合的基礎都是要寄託在信賴的部分。早上吳敬璉教授講的「法治下的經濟」，法制是建立交易的過程裡面一個確保信賴的部分。所以台灣在未來要做研發的投資、科技的管理、服務業等知識性的服務，都已經具有經濟發展的基礎。

政府在這新局裏面，應該更是要在基礎建設上下功夫。在過去政府的資源都在infrastructure，道路港口這方面去做，現在面對未來新的格局，我們需要進行的基礎建設，應該是在一個鼓勵創新、鼓勵知識經濟的一個很大的環境空間。這就是完善的智慧財產權環境，不管台灣在全球將來要競爭、合作的時候，智慧財產權的概念就是這些活動的基礎。以前我們在分工委外的情況下，我們很容易就占有一席之地，世界大廠可以到台灣百貨公司去window shopping，他們來看一看，你有這一塊市場，我們就來做這一塊；但是知識經濟沒有辦法做window shopping，因為沒有辦法知道我們到底能夠提供什麼東西。所以施先生講的「買空賣空」就是最困難的一部分，這是未來一個非常大的挑戰，我們要努力的地方其實是非常多的。

所幸台灣企業在過去累積一個強健的基礎，比如說服務業，服務業是愈來愈重要，提供高價值的服務業都與IT有關，IT的基礎非常重要。新的服務模式，或是提供以前所無法提供的服務，很多是由IT科技帶來的。第二個是傳統的服務業加上新的科技的整合，產生出來的新的服務業。另外還有建立在一個社會文化基礎上面，產生出來的服務。這兩者努力的方向，與往昔我們做硬體是非常不一樣的。從過去的角度來說，除了可以做一個全球資源的整合外，還要去找未來的創意，尤其是軟性的，這是將來比較符合服務業價值創造的部分，因此有些創意的產生，在我們lifestyle裡面，將會創造一個先驅的角色。

除了我們過去的高科技產業外，我們還要強化整體概念的部份。比如說新的服務業出來的時候，我們要去整合我們特有的文化、特有的生態與特色，我們還要找到面對未來global warming的狀況之下，我們如何來因應與解決。

像是3C產業，我就想說應該將來要減少一個C(即減碳)，變成2C產業，一個C就是乾淨，現在大家都講的clean-tech，另外一個應該是節能的，叫做cool-tech。我們要從3C轉到2C，我們是有基礎的，可以走這條路，如果再加上我們有這樣的信心、有過去建立的雄厚基礎，現在的新局讓我們信心增加，我們在世界代工的經驗中已取得世界的信賴，這就是未來發展的重要基礎。

善用三大優勢　行銷全球

——陳添枝

非常感謝大家對新政府的期待，我的壓力是非常大的，還沒有上任就被操得滿慘的。我在過去還滿積極參與公與義的研討會，我確實感覺到台灣主要的實力是在民間，而不是在政府。當然這並不表示政府沒有他的角色，他的角色如果扮演不對的話，民間的力量就會消失掉。像今天這樣的研討會，我相信政府是辦不起來的，所以時報文教基金會一定要繼續給我們支持。

今天的題目非常好，就是討論台灣在全球的出路、產業的布局。我這幾年一直向施振榮董事長學習如何做品牌，但是還是沒有抓到要點，他老是跟我們說做品牌非常容易，但是你真正去做的，失敗的多成功的少。像台灣最近有兩個電視的品牌，一個是歌林，另外一個是電腦公司轉型的叫瑞軒，在美國做得不錯，在美國重要的通路上一路銷售火紅，而且站上美國

TV品牌的冠軍，這種品牌比較像是通路的品牌，就是利用美國既有的一些channel非常快速地來鋪陳產品，以低廉價格得到消費者的接受。但是最近瑞軒又遇到非常大的壓力與危機，因為本身品牌的知名度還是不足，在消費者心中的價值還是非常有限。另一方面由於景氣下滑，這些品牌就馬上面臨生存的壓力，所以經營品牌真的是非常不容易的事，但卻是非做不可的事。

我們現在講全球化，全球化之下就是要去找自己的定位，就跟企業在藍海裡面競爭一樣。最近有一個學者做了全球fortune五百大的研究，到底在全球三個主要的block裡面有多少布局?就是把亞洲、歐洲、美洲分成三個區塊的話，他就看看他們到底是如何布局。其實只有非常非常少數的公司，有能力在三個區塊都占有重要的地位，就是你在市場上占有足夠的地位，這種公司其實是非常稀少的，大部分的公司都是在一個block裡面有比較完整的布局。亞洲的公司就主要布局在亞洲，美洲跟歐洲是倒過來，像我們宏碁是台灣唯一以歐洲為市場，這是非常少見的。但是我覺得這也凸顯我們台灣企業的特色，這可能我們將來的發展模式不見得跟別的國家相同。

台灣在全球國家裡面到底有什麼樣的優勢？第一個就是有非常好的工程師的精神，這種工程師的教育，工程師在社會上扮演的角色是非常重要的，往昔我們的政府官員大部分也是工程師，一直到八年前統統變成律師，整個變化也就顯而易見。事實上台灣再過五十年，工程師將會是社會的重心，大學聯考前面的志願都是工程師，工程師在我們整個生產活動裡面扮演的角色是非常非常重要的。他有一個非常非常重要的精神就是他非常敬業，attention to detail，會非常不厭其煩地把事情做得非常完美，那他在OEM代工的模式下，已經被磨練的沒有瑕疵，已經在世界上是一流的。

在亞洲國家裡，這種工程師精神大概只有日本跟韓國足以跟台灣相比。中國大陸雖然是世界的工廠，但大陸工程師的精神與台灣還是有一點距離，東南亞就不用談，他們幾乎是很少存在的。這是我們的優勢，而且這個優勢是在過去五十年教育出來的，五十年來在我們本身資源的配置，以及在國際上作為代工生產的定位所磨練出來的，這有非常高的價值。如今全球生產鏈上的代工模式已需轉變，但其模式所留下的資產非常寶貴，未來在亞洲區域的競爭中，要繼續磨練與快速成長，絕不可放棄，並維持高品質的生產。

我們可以看到生產鏈這些年來，有非常快速的移動，至少台灣在生產端上仍是生產鏈的主控者，剛剛施董事長詮釋得非常好，要發揮區域整合者的主控能力，憑藉的仍是管理與engineering experience。

第二個我覺得我們在亞洲國家一項滿不錯的，就是我們有一個開放多元的文化，我不是指我們台灣有很多民主，但是你可以看到我們為什麼有多元的文化傳統呢？就是我們跟台灣的歷史有關，我們當然是中華文化，而且我們保存很多大陸已經放棄的傳統，這些傳統還存在這個地方；那過去因為殖民的關係還存在的日本文化，我們有相當程度的美國文化影響，這大家都可以看得見，日本殖民五十年並不是說沒有留下東西，當然過去五十年受美國非常多的深切影響，所留下的美國文化，同儕之間講話，我們常常會跑出一個英文，英文夾台語，夾國語，而且不是只有我，大家都是這樣講話的嘛，這個就是我講的多元文化。

第三個就是台灣在地理上的優勢，就是焦佑鈞董事長所講的五小時生活圈，就是你在亞洲主要城市，不管你怎麼畫圈，台灣都是距離亞洲各個城市最短的一個點，不管是海運空運，台灣都有絕對地理上的優勢，這是上帝給台灣唯一的資產，其他就沒有了。可是position是沒有辦法改變的，別人絕對無法拿走的，所以我覺得台灣未來在亞洲的定位，應該結合工程師的力量跟精神、多元文化加上地理的優勢。

那這三塊集合起來會變成什麼東西？會有一個非常明顯的劣勢，就是市場非常地小。沒有market，兩千三百萬人的market實在太小了，雖然Acer做這麼多電腦，我想台灣的銷售是微不足道的，雖然它必須要銷售，我們面子的問題，輸給ASUS不太好看，所以你在這邊還是要賣，因為基本上是自己的基地，但是基本上在整個global revenue上其實不會那麼重要。台灣要成為全球有競爭力的產業，絕對是不可以台灣作為基地的，如果是以台灣市場來設想他的產品，這個產品絕對是不會成功的，所有的product都是要全球銷售的。在三個優勢和市場非常小的條件，一定要想辦法去做一個global的產品，以全球為市場，然後再利用上面三個優勢去發展，所以顯然台灣必須以產品的研發、創新然後營運為重心，這塊是非常清楚可以得到這樣的結果的。

像Acer是我們的典型，產品是在台灣開發的，但它不一定要在台灣製造，但是這個營運一定要在台北掌控，雖然在歐洲有一個很大的team，但這個team永遠是聽台灣的施董事長，這就是我們要的，台灣企業整個全球的布局，顯然是這樣子。製造的點顯然已經全部外移，我感覺在亞洲應該有兩塊非常大的生產基地，一個在中國大陸，另外一個在東南亞。那整個情勢也慢慢在告訴我們說，這兩塊會變成平行的，這兩個生產基地本身有一些互相補充的關係，它們不會是替代的。東南亞大概差不多有五億的人口。而且人口非常的年輕，我想未來發展的潛力可以看的非常清楚。

過去這些年來我們為什麼做得不好？我覺得問題非常單純，就是我們處在一個嚴重的轉型期，雖然我們慢慢在觀念上比較能夠接受，包括施董事長和其他人在做社會教育，就知道我們過去的營運模式必須要有所改變，有些人開始在試了，但並沒有全面性的轉型，品牌這一塊不用再提了，他絕對是非常需要的，如果沒有這一塊，你就沒有整合資源的能力。在這樣的情境之下，我覺得很重要的一塊就是要發展服務，我覺得不只是純粹消費者服務的部分做得不好，剛剛施董事長講C+、B-我覺得事實上還高估了；因為我們整個服務業非常local，都是一些本地思維，有些餐廳做得非常好，但很少想到要如何把餐廳開到別的地方去，但是現在開始有在轉變了，我覺得消費服務這一塊也是非常重要的。

消費服務這一塊應該有一個全球的導向才能建立有競爭力的產業，在製造業這一塊應該要把服務插進去，就會涉及到剛剛講行銷背後的知識。所以要舉品牌的旗、走服務的路，就是精神一定要進去，否則產品的價值就難以提升。

【經濟環境】

A Wonderful Team
PLUS
MasterCard
Cirrus
1000
外滙滙率表
FOREIGN EXCHANGE RATES
幣別 CURRENCY
現金 CASH
買入
賣出
美金 USD 30.065 30.607
港幣 HKD 3.765 3.94
人民幣 CNY 4.351 4.565

面對
台灣經濟 新局與
Taiwan Economic
New Perspective & Development
時報文教

面對
台灣經濟 新局與發展
Taiwan Economic
New Perspective & Development

【主持人】薛　琦

世新大學經濟學系教授

美國凱斯西儲大學經濟學博士。曾任台灣金融研訓院院長、台灣大學經濟學系系主任、中央大學管理學院院長、中央大學產業經濟研究所所長、德國柏林自由大學客座教授、行政院經濟建設委員會副主委、APEC經濟委員會副主席、經濟部貿易調查委員會委員。專業領域為經濟發展、產業經濟學與國際經濟學。

【與談人】林信義

工業技術研究院董事長

國立成功大學機械系。曾任中華汽車總經理、台灣區車輛工業同業公會理事長、中華汽車副董事長、經濟部部長、行政院副院長兼經建會主任委員、總統經濟顧問小組召集人、總統府資政。現任工業技術研究院董事長。曾榮獲第一屆李國鼎管理獎章、第五屆國家品質獎個人實踐獎、中國工程師學會工程獎章、天下雜誌調查標竿企業領導人，以及行政院國家科學委員會一等科學專業獎章。

【與談人】許嘉棟

台灣金融研訓院董事長、時報文教基金會董事

美國史丹佛大學經濟系博士。曾任台灣大學經濟學系教授、中央研究院經濟研究所研究員兼任所長、中央銀行副總裁、財政部部長、中華民國對外貿易發展協會董事長、中央信託局股份有限公司董事長。專業領域為貨幣理論與政策、金融制度、國際貿易和國際金融等。

【與談人】張榮豐

中華經濟研究院副院長

政大東亞所博士。曾任總統府國統會研究員、國家安全會議諮詢委員和副秘書長等，現任中華經濟研究院副院長暨中華經濟研究院大陸經濟所所長，並兼任國立台灣大學經濟系教授。其專長領域在危機管理、國家安全、兩岸關係、賽局理論和談判理論等。

【與談人】李鴻源

台灣大學土木系教授

美國愛荷華大學土木暨環境工程系畢業。現任台北縣副縣長。曾任台灣省第一任水利處處長，對台灣各項水利設施的建設與水利組織之整合做出貢獻。自二〇〇五年十二月擔任台北縣副縣長以來，積極輔助縣長施政，對於台北縣的各項重大建設，舉凡水利工程、低碳環保、原住民及外籍配偶子女的教育問題等，已有顯著的進步及改善。目前致力將台北縣打造成為一個既現代化又重視環保的城市，進而將這樣的理想拓展到全台灣。

【與談人】朱雲鵬

行政院政務委員

美國馬里蘭大學經濟學博士。曾任中央大學經濟系教授暨台灣經濟研究中心主任、台灣大學經濟系教授、台灣經濟研究院顧問、景文技術學院校長、中央研究院中山人文社會科學研究所所長、行政院公平交易委員會委員、行政院研究發展考核委員會委員。專業領域為經濟發展、國際經濟學、一般均衡模型。著作有《台灣廢棄物的趨勢分析》、《東亞雁行理論之研究》、《經濟結構調整與部門間資源配置：一九八九年間台灣可計算一般均衡模型之比較靜態分析》等中、英文著作。

【與談人】吳敬璉

北京大學教授

中國經濟學家。一九五四年畢業於復旦大學經濟系。一九八三年以來，相繼在耶魯、牛津、史丹佛等大學、麻省理工學院任客座研究員或客座教授，並擔任中國國務院發展研究中心常務幹事、國務院經濟體制改革方案辦公室副主任、第八、九、十屆中國全國政協常委兼經濟委員會副主任、國家資訊化專家諮詢委員會副主任。現為國際經濟學會執行委員，麻省理工學院公開課程教材顧問委員會成員；中國社會科學院研究生院、北京大學博士生導師；中歐國際工商學院（CEIBS）教授；《比較》、《洪範評論》主編。曾五度獲得中國經濟學的最高獎勵—孫治方獎；二〇〇三年被國際管理學會授予「傑出成就獎」；二〇〇五年榮獲首屆「中國經濟學獎傑出貢獻獎」。

【與談人】劉遵義

香港中文大學校長、中央研究院院士

美國加州大學柏克萊分校哲學博士。曾任美國史丹佛大學李國鼎經濟發展講座教授、亞太研究中心共同主任、史丹佛經濟政策研究所主任，二〇〇六年獲史丹佛大學頒授李國鼎經濟發展榮休講座教授銜。現為 Phi Beta Kappa 和 Tau Beta Pi 會員、計量經濟學會院士、中央研究院院士、Conference for Research in Income and Wealth 會員、劍橋大學邱吉爾學院海外院士、中國社會科學院榮譽院士，以及國際歐亞科學院院士。專研經濟發展、經濟增長，以及包括中國在內的東亞經濟。

發展知識服務　強化競爭優勢

——林信義

前面的演講在不同的領域裡已經談了很多，今天我比較想要聚焦「台灣在產業界的移動，由過去的製造業移到現在的知識服務業，未來應該努力的方向」提出我的看法。

一九八〇年代中期開始，因為產業環境的改變，台灣的製造業轉向發展策略性的工業，也就是大家所熟悉的「兩高、兩低、兩大」，技術密集度高、附加價值高，能源密度低、汙染程度低，產業關聯性大、市場潛力大的產業，到了一九九〇年代以後，知識經濟興起，再加上傳統產業的大量外移，使得產業加速升級，以資訊半導體為主的高科技產業取而代之，成為製造業的主力，技術密集性的產品也成為出口的主力，一九八六年是一個分水嶺，工業占GDP的比例為百分之四十七，服務業占百分之四十七，農業占百分之六，之後服務業往上走，到了一九九三年服務業突破了百分之六十，二〇〇七年則達到百分之七十一，可以說達到了工業國家的水準，顯示台灣的經濟發展已經邁入以服務業為主導的階段，製造業雖然比重上沒有太大的變化，但是幾年來產生了質變，在勞力密集、資本密集之後也走向了知識密集。

創造高科技、高附加價值優勢

如果以二〇一五年要達成GDP每人三萬美元的目標，也就是說要達到新台幣廿二・三兆元，以過去十五年台灣服務業的年複合成長率百分之七・三四來看，如果沒有採取額外的措施，到了二〇一五年，台灣服務業的產業附加價值應該是十二・九兆，但是實際上只能達到十一・二兆，還有一・七兆的差距，如果以產值來看也會有三兆的不足，所以勢必要尋求突破性的成長，進行質變跟量變，因此，怎麼樣讓服務業的含量更符合高科技、高附加價值的優勢，這是台灣發展服務業的重要策略。

製造業是台灣的強項，製造業服務化的原因以及主要的驅動力可以從幾點來看：

一、商業服務需求興起：因為資源有限，於是業者將非核心的商業外包，而工作內容特性已經從低階到高階，從勞力密集到知識密集。

二、製造業所衍生的服務是未來的趨勢，主要的原因如下：

（一）全球經濟分工的深化，服務在商品生產的體系內慢慢展開，與商品生產、流通和消費有關的資訊蒐集、整理、加工等等的需要也帶動了製造服務產業的發展。

（二）專業商業度需求日趨增加的一些驅動的因素，例如外包。除了高度策略性功能，比如說R&D服務之外，非核心的能力領域就採取外包。比如說跟技術相關的服務快速成長，使得B2B的服務快速成長。

（三）法規跟社會的變遷，衍生出提供各國文化、法規及會計架構或者消費特質與產業市場諮詢等等的服務。企業面臨了在不同環境下競爭的壓力，也成為驅動企業去尋求B2B的服務。

製造業衍生的服務有兩類，第一類就是往企業價值鏈的上下游延伸，重點是對既有客戶服務價值最大化的追求。第二類是著眼於獨立出企業的優勢功能，擴大新客戶群，可以接受原本企業及其他企業的委外服務。

製造業衍生的服務 大勢所趨

製造業成功衍生商業的服務，也有幾個評估的面向：

（一）外部環境改變所衍生的商機：例如需求增加或法規規範的改變。

（二）企業內部流程或知識成熟度：例如服務已經可以標準化與商品化。

（三）企業本身提供服務的成熟度：例如已經有服務團隊及服務文化的形成。

（四）服務定位：例如清楚地定位服務對象及服務內容。

（五）競爭分析：了解與現存的企業之間彼此的競爭關係。

藉由觀察服務業的現況，可以知道服務業和製造業要如何不斷的增加知識含量去開創藍海的策略：

（一）台灣服務業現況與發展：台灣服務業是以金融、保險、不動產、批發零售與餐飲為主，其他先進國家則是以金融保險、商業等知識密集度高的商業服務為主。先進的已開發國家，服務業占GDP比例與其服務業就業人口占總就業人口的比例相當，但台灣服務業就業人口只占台灣總就業人口數的百分之五十九，與台灣服務業占GDP百分之七十一的比例約有百分之十二的差距。

（二）服務業近來成長力道薄弱，二〇〇六年服務業的成長率只有百分之三・六，甚至比農業的成長率還要低。另外，台灣服務業依賴內需市場，內需與外銷的比例約為四比一。內需的金融保險業對GDP的貢獻是百分之十・八，但是附加價值高的、可外銷的商業服務業對GDP的貢獻只有百分之二・七，相對於其他先進國家，英國、荷蘭、丹麥的百分之十二至十三，我們有一段差距。

（三）台灣投入在服務業研發的比例太低，只有百分之七。台灣幾乎百分之九〇的研發經費都投入在製造業，應該增加服務業研發經費的比重。

台灣服務業發展策略

未來有四項台灣服務業中長期的發展策略：

（一）創造新型態的服務產業：透過異業的整合與未來新需求的研究。

（二）現有服務業的加值：來自業界的競爭與客戶對品質的要求會促成

這樣的需求。

（三）拓展服務貿易：可以依據不同的服務產業發展不同的服務貿易模式。

（四）營運環境的服務建設與人力、制度以及機制的建立：二〇〇二年到二〇〇四年經建會列出台灣服務價值最高的十二項服務業，寫出產業政策。因為服務業是人的產業，需要更多的人才培育。

台灣的優點是具備豐富整廠管理的經驗，完善的全球物流服務、售後服務和製程運籌管理能力。所以台灣要轉型或衍生出商業服務業，要借重既有製造業者生產及成品傳遞過程中所累積的Know-How、運籌能力以及成本控制的優勢。

以台積電做為一個例子，公司將核心競爭能力定位為服務，致力於從製造導向轉變為以服務為導向的晶圓代工廠，並且將營運模式轉為以客戶需求為重，近期更鎖定後端的封裝，宣布跨足六五、四五奈米的SiP，也就是System in Package，台積電橫跨前端的設計，後端的專業封裝。新的做法讓IC設計的客戶只要專注於高階設計，有關於底層設計、製程技術、元件產出只要全部交給台積電處理即可。

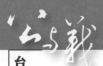

製造業發展服務的方向

台灣製造業在發展服務及衍生服務的方向可以朝以下幾點思考：

（一）清楚了解該項服務在公司的角色跟定位：了解現階段或未來策略性服務核心流程或功能，並掌握相關競爭者之間的差異或本身的優勢。

（二）評估企業的成熟度跟市場性：企業具有成熟的技術，再加上「Userknow-how」，是製造業能否轉型為服務化的重要關鍵。

（三）設計高複雜度的服務內容：大家都知道重複性高、變動性低的服務流程或者形態，競爭者眾，容易陷入價格競爭，所以必須要以複雜度高、服務內容廣的商品提供客戶，是一個「Solution provider」，而不是成為客戶的人力工時的概念。此時服務會具有價值、特色和差異化。

（四）企業要能形成服務的文化：服務化的過程必須累積服務的能量，再將服務做系統化，所以高層的支持，以及全體員工的觀念改變與認同，特別是從製造業轉變成服務業後思考觀念的改變，將是成敗的關鍵。

最後我想做的結論就是：

一、發展知識服務業可以支援並強化製造業的競爭優勢，結合軟、硬體可以擺脫純代工的角色，除了提高產業附加價值之外，也能夠強化台灣在全球供應鏈的地位。發展知識服務業可讓業者更具競爭力，也是讓業者留台灣和吸引外商以台灣為運籌中心的重要策略作為。

二、台灣因為外語能力仍然不足、服務業人才缺乏國際經驗、過去較不受重視服務業發展等等的因素影響，須要透過政府的政策措施，結合民間的活力，將傳統產業納入知識服務的內涵，加強資訊科技的應用，假以時日我國的服務業將會繼製造業之後，成為國際供應鏈當中不可或缺的一環。

推動金融整併　開放外匯進出

——許嘉棟

很高興來參加這一場座談。這一場座談的主題是從經濟環境來談臺灣的經濟發展。不過在談經濟環境之前，終究臺灣只是世界經濟的一環，我要先談一下世界的經濟環境，又經濟受制於政治，所以第二部分將談一點經濟環境上層的政治環境。

有關國際化、全球化這個部分，前面劉遵義校長已談了很多，我只作一些補充。目前全球經濟面臨的問題，除了次級房貸風暴造成世界經濟有一點趨緩，另外有物價膨脹的問題。次級房貸的問題，依早上劉校長以及其他專家的共同看法，在歐美各國的努力之下，其對國際景氣的衝擊應該慢慢在年底就會過去了，所以這個問題應該是一個短期的問題。

那物價膨脹呢？物價膨脹事實上包含好幾個方面，你可以談原材料價格的上漲，也可以談民生消費品價格的上漲，也可以談資產價格的上漲。這三者的意義是不一樣的，而且未來的發展可能也是不一樣的。

原材料價格上揚　問題棘手

在民生消費品和資產價格的上漲方面，一個很關鍵的起因是國際資金過剩，造成資產價格上揚，也造成民生消費品價格上揚。民生消費品與資產價格上漲的成因雖然很多，但不可否認過多的資金絕對是一個推波助瀾的因素。此外，各國的匯率也是重要影響因素之一。若將幣值低估的貨幣升值，民生消費品的漲幅就可受到抑制。因此，資產與民生消費品價格上漲的問題，是可以透過對資金供需的控制以及匯率的調整來加以處理的。

比較麻煩的是原材料價格上揚的問題，是一個長期的問題，為什麼是長期的問題？這與金磚四國以及其他新興開發中國家的快速成長有關。這些國家在成長過程中要耗用掉很多原材料，而這些國家的發展趨勢又是長期改變不了的。此一長期需求擴張對國際原材料價格造成的壓力，是比較難以處理的。

與新興開發中國家的發展相關連，我們可以順便來談生產要素報酬的未來變化趨勢。生產要素包括勞動、土地、資本。勞動又可以分skill labor、unskilled labor，資本可以分tangible與intangible。tangible就是廠房、設備等看得到的資本，intangible就是品牌、智慧財產權這些東西。

改善所得分配 並不容易

那我們再看各類生產要素整個國際上的供需狀況。unskilled labor供給是相當的多；包含自然資源在內的土地，其供給有限，但國際上的需求則是成長的很快。所以講價格的變化，或是在生產成果的分配上，我們可以想像擁有土地的人一定是站在最有利的地位，unskilled labor則是最倒楣的，供給那麼多價格要上揚很難。所以在所得分配上，我們要先有個心理準備，假定你是屬於unskilled labor這一群，你不設法變成skilled labor的話；或是就資本來講，你不是進入品牌、智慧財產的那一群的話，在社會地位、發展成果的享受上，你大概會成為所謂的loser。所以談到臺灣未來的所得分配，趨勢大概會是這樣子。政府的政策對所得分配即使能稍予改善，程度也將有限。這是我先談的國際大環境的部分。

面對政經新局 國人信心漸增

再來談到政治的環境。今天的政治新局，除了主席提到的兩岸關係趨和緩之外，還有選舉的結果，也就是國內政治穩定的部分。

我想大家都可以同意，臺灣的經濟活力主要是來自民間。民間的活力、創造力與適應力，是大家引以為傲的。以我們臺灣的活力、創造力、適應力，在過去幾年的經濟表現，不應該這麼不堪的，這主要是內外都有一些不利的狀況。內部的不利狀況，就是政局不穩定，朝野的對抗內耗，使政府沒有辦法進行前瞻規劃，進而使民間的能力沒有辦法發揮。在外部，我們跟大陸關係的緊張，讓我們耗用了很多資源在跟大陸進行外交戰，甚至軍備的競賽等等，這當然限縮了能用在經濟發展上的力道。也因為我們跟大陸關係緊張，當我們想要對外拓展經貿合作關係的時候，受到大陸的排擠打壓，所以經濟邊緣化的問題日趨嚴重。

現在選舉的結果，可以說把這兩個結都打開了。國內的部分，國民黨兩次大選壓倒性的勝利，使他得到完全執政的機會，不管行政立法都掌控在他的手上，我們可以期待國會亂象、行政立法對抗的局面將不復見。那兩岸的關係，國民黨是採取比較積極開放的態度，而對岸也把兩岸關係改善的希望寄託在國民黨身上，所以他這陣子也釋出很多的善意。大選之後，內外兩方面的問題都有解決的希望，所以國人對臺灣經濟前景的信心，事實上已恢復不少，餐廳生意好像有比較好了，願意投資的好像也多了，臺商表達要回來投資的也增加了。所以光是因為這個新局，國內的信心期待好像已上來不少。

改善兩岸關係 提升投資意願

所以我個人認為馬蕭上任之後第一個要做的，就是要能夠善用新的政治和兩岸關係的局面，要把這個新局維持住，讓這個新局的正面效應能夠持續發酵。詳細來講，就是努力維持政局安定、讓這個社會能夠和諧、兩岸關係能夠改善。若能如此，將可維持及提升國人、臺商、外商的信心；而信心能夠維持住的話，消費投資的力量就會上來，臺商也會願意、也敢回臺灣投資；又外資對臺灣有信心的話，他也會願意來臺灣投資。只要消費投資能夠上來的話，臺灣的經濟前景應該是不會太差的。所以我預期臺灣過去經濟表現不是很好的地方，都可以彌補回來，經濟成長率、股市應該會補上來，連臺幣都可能會補升值。

故而，我個人認為，在臺灣面臨國際經濟不景氣的時候，這個政治新局對臺灣經濟可說是一個「大補帖」；也就是說有這個新局的加持，對臺灣未來經濟的前景，我是保持著樂觀態度。不過我這裡還是要加一句，樂觀中是帶著審慎的。審慎的就是說，第一我們看到國人的信心雖在上升，但是這個信心還是滿脆弱的，陸委會主委人選一宣布，大家馬上覺得前景好像又是一片黑暗。此外，政局的安定必須小心呵護、努力維持。國民黨必須在行政與立法兩方面展現廉能效率，而且促成朝野和解、族群相互包容，這些都不是太容易的事情。再看，兩岸關係的蜜月期能夠多久，這也有待觀察。

加入國際金融機制　放寬資金進出

至於金融方面，兩岸金融市場相互開放，臺幣、人民幣兌換與清算機制已有腹案，希望能夠趕快落實。此外，臺灣金融方面的問題還是不少，希望設法消除財團化的疑慮，趕快來推動金融業的整併以及民營化，並提高公營銀行效率。又東亞各國區域金融的合作，目前有很多方案在推動，臺灣皆被排除在外。若是臺灣名稱有一個好的安排，也許能夠讓我們加入國際金融的機制，老實講這應該是互利雙贏的，對所有的成員都有幫助。

另外，我們也提到臺灣的企業金融中心、籌資中心、資產管理中心等等，兩岸的關係能夠改善的話，事實上推動成功的難度是可以減少的。不過這中間也涉及到，我們外匯進出要比較自由化一點才行，這牽涉到中央銀行對資金的進出願意採取比較開放的態度。中央銀行一些行政的手段，有時候讓它出去，有時候不讓它出去，當然增加我們的困擾。所以這個態度要有所轉變，但是中央銀行要有所轉變，他的配套措施也必須要有能力來因應資金的進出，因為資金的進出對金融的穩定是有干擾的，所以這就是中央銀行需要努力的地方。

務實推動經濟、技術前瞻計畫

—張榮豐

今天很高興有這個機會來跟大家談我們所處的經濟環境部分，主要有兩個重點，第一個重點是對於我們所處經濟環境的檢視，包括：（一）全球化的意義；（二）中國經濟環境的變化；（三）我們台灣面臨的環境。第二個重點是對於即將上任的政府，我提出一些建議與觀察。

在第一個重點部分，我們先談全球化，這個名詞已經是非常Popular，全球化在我來看，有其一體兩面性。

全球化使各國的比較利益能夠更好的發揮，而不受國界的限制，這是正面的。所以我們可以看到資源的使用會比較有效率，企業家會有比較多的機會、揮灑的空間更大，然後資源的流動更迅速，企業界的企圖心會更旺盛，那這都是代表好的一面。

可是我們也看到另外一面，簡單講是要素價格均等化的原理。我們可以看到貧富的差距的擴大、失業率的上升，假如一個產業沒有辦法趕上全球平均生產力的話，就可以看到那個產業的交易條件，或稱之為貿易條件就會不斷的惡化，另一方面是原物料的上漲等等。

世界經濟五大趨勢

當前我們看到世界經濟裡比較重要的事件，第一個就是慢慢的重視環境氣候的變化，二氧化碳排放的管制，從京都議定書之後會慢慢的強化；第二個是能源價格，這是這麼多年來我們第一次看到原油每桶飆到一百美元以上；第三個是和能源價格有一點關係，就是有一些國家的能源的政策都改變了，發展了很多生質能源，譬如說最大的玉米生產國之一的美國，它有非常大的一部分改成使用到生質能源，因而帶動一些糧食價格的上漲；第四個是要求價格均等化，一些重要的原物料的上漲；第五個是美元的走勢趨軟，這其實跟中國大陸有一點關係，我想在整個大的經濟環境大概是這樣的情況。

第二個部分是中國經濟的環境變化。在吳敬璉教授面前，我有一點班門弄斧，不過我是分階段性地來看，大概一九七八年到一九八四年主要是在農村的改革。一九八四年到一九九二年左右，或者是在鄧小平南巡講話之前，比較重視市場機制的引進，而且他的改革是比較片面式的，比較沒有規劃，這中間我相信他們政府內部以及學界也經過很多的辯論。

中國大陸 是工廠也是市場

有一個很重要的階段性轉捩點是一九九四年，因為一九九四年在我們定位來講，是中國整個走向全面的出口擴張的轉捩點，因為人民幣大幅地貶值，中國廉價的勞動力可以透過適當的貨幣折算出來之後在世界上有競爭力，所以從一九九四年開始我們可以看到中國慢慢變成世界的工廠。

另一個很重要的轉折點我認為是二〇〇一年。因為二〇〇一年中國加入了WTO世界貿易組織，在加入之後他的最惠國待遇常態化，我們記得以前每年美國總要Review一次，但從那以後開始常態化，但比較重要的是，二〇〇一年也是中國貿易自由化的開端，因為加入以後有很多的承諾，關稅慢慢地降，貿易自由化就慢慢地呈現出來，但是我們看到另一個變化，就是十一個五年規劃，胡錦濤上台以後，他開始重視經濟發展所帶來的問題，譬如說我前面講的五大趨勢。對能源對環境的解決方案，你可以看到慢慢有很多限制出來，但是我們也可以看到在他的每人GDP成長底下，譬如透過交通跟通訊的建設，他的市場慢慢成形，所以慢慢地蛻變成是一個重要的市場，不再只是世界的工廠。

但是中國當然也面臨一些問題，譬如對美國大量的順差，造成美元走勢的趨軟，還有外資大量的流入，我們也可以看到外匯存底超過一兆美金以上，我覺得假如我是中國大陸的中央銀行官員，應該非常痛苦，因為光是沖銷就是一個很大的工程，所以我們可以看到人民幣升值的趨勢，還有怎樣維持不要通貨膨脹，不過儘管中國大陸的人民銀行花了很大的力氣，不過我們還是看到很多的貨幣流到了房地產，還有流到了股市，所以泡沫經濟的形成，也是未來一個很重要的關切點。

台灣貧富差距擴大　失業率上升

第三個部分，我們談到台灣的部分，在剛剛談到全球化的浪潮下，而且在文化、語言的優勢下，儘管台灣過去有很多的限制，但是大量的企業到中國大陸去投資，充分地利用中國的資源來維持經濟的成長，其實我們可以看到很多名詞，鎖國也好、戒急用忍也好，不過你看到我們的統計數字，我們對外的投資最多的地區還是中國，我們的貿易最大的市場也還是在中國。

在過去九〇年代末期，我們缺乏一個前瞻性（Foresight）的計畫，我們看到很多的現象，譬如說出口，尤其是對中國的出口仍然非常旺盛，可是內需的成長卻非常緩慢，我們剛剛也講在全球化衝擊底下，貧富的差距擴大、失業率的上升，整個經濟成長沒有辦法全民共享，累積的外匯造成台幣的升值、通貨膨脹等等。

我覺得台灣有政治上的結構限制，有一個日本的朋友他講了一個很重要的名詞，就是最小主義，在九一一之前，美國一直想要塑造中國大陸，但是在九一一之後，他只維持一個最小的期待。中國在胡錦濤上台之後，對台灣的政策有一個轉變就是維持一個比較小的主義，就是不要扯上法理台獨，可是過去台灣走向一個比較極大的主義，尤其我們用很多的動作來做選舉的操作，所以過去兩岸之間，尤其在政治上碰到一個瓶頸。

第二個重點，我對於即將上任的政府給一些建議或者是觀察。

重建技職教育 與國際接軌

我個人的看法是，競選的政見通常是一本沒有主題的書，因為你要選票，所以任何人的提議你都納入，可是時間是有限制的，不可能將所有的政見都實現，我覺得一定要有時間的概念，就是一定要有優先順序的概念、動態的概念，要從最關鍵的點去切入，你不可能將所有的政見都實現，這是我第一個建議。

第二個建議是，我一再的講我們的經濟前瞻跟技術前瞻一定要非常務實地去做，他跟產業計畫不太一樣，不過他是類似guideline，世界各國都有在做。

第三個建議是國際接軌，剛剛林信義董事長也有提到，台灣的國際化並不是那麼的高，建議把英語列為第二官方語言。

第四個建議，我認為技職教育一定要重建，我想在這一波全球化受害者，要讓他們的下一代有機會，要透過提升競爭力來做。我觀察發現台灣的系統化教育跟策略型的教育其實是缺乏的。

最後一個建議就是，台灣在民主化以後，司法改革應該排到議程上，因為保障產權、維護企業跟執行破產，是整個資本主義運作非常重要的法律基礎，怎樣縮小資訊不對稱的gap，還有營造公平競爭的環境，是提升競爭力一個很重要的點。

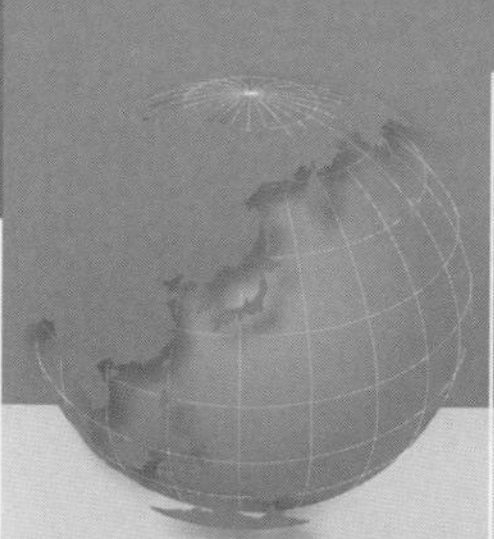

全球氣候變遷與經濟發展

—李鴻源

在這兒跟大家分享我的看法其實是相當惶恐的，我的專長是水利工程。但因為幾年來在省政府及台北縣政府的歷練，對環境工程及國土規劃也有所涉獵，因此我認為自己有義務來跟各位經濟金融專家分享，大家集思廣益來想想台灣到底有沒有走對方向。

全球氣候變遷是一個非常熱門的話題，但是大家有沒有想過，全球氣候變遷到底跟我們有什麼關係？對很多人來說這似乎是一個非常遙遠的問題。雲林麥寮工業區大約在十多年前興建完成，我並不清楚六輕的成本效益有多麼高，但是我知道這幾年來，因為麥寮的填海造陸工程讓外傘頂洲逐漸消失，這代表海浪可以直接沒有屏障地打到嘉義的海岸，讓水利署每年要多投資幾億來做海岸防護措施，這筆帳應該怎麼算？另外，在彰雲嘉地區每年都有抽取六十億噸左右的地下水，一噸地下水如果算十塊錢，那麼我想問：這六百億拿來放在彰雲嘉三個縣做養殖灌溉到底是否符合經濟效益？另外因為超抽地下水的代價是，彰化縣大城一年要下陷十八公分，平均彰雲嘉三縣一年要下陷十二公分，如果撇開水利署每年在治水的投資，光是地層下陷造成當地房地產的貶值，代價就難以估計，這筆帳不只是表面上的數字遊戲，是居民生活品質的惡化，更是水利工程師最大的挑戰與難題。

龐大治水預算 效益有限

八年一千四百六十億的治水預算是熱門話題，這些預算編列全部仰賴在工程手段，我可以坦承地評估，這筆預算恐怕連百分之三十的效益都達不到。以歐洲為例，對他們來說，談治水一定得從國土規劃做起，荷蘭人最近甚至開始評估如何種植耐鹽的作物，來因應全球暖化，未來他們將面對嚴峻的地盤下陷、海平面上升、土壤鹽化等挑戰，甚至荷蘭人開始把原本填海造陸的土地再變成水道，把他們最引以為傲的鬱金香往內陸移、開始找替代水源、開始約束二氧化碳的排放，他們正視問題，並防患於未然。

反觀台灣，超抽地下水、地層下陷的結果，代表未來台灣的彰雲嘉沒有辦法再種稻子，請問我們的政府開始看這些問題了嗎？根據經濟部能源局的數字，台灣二氧化碳的排放量是全球第廿二名，我們的人均二氧化碳是世界平均值的三倍，我們的電廠，台中火力發電廠是全世界二氧化碳排放量最高的電廠，麥寮六輕的汽電發電廠則是世界第六名，台電新達港火力發電廠是世界二十一名，台灣發電廠的二氧化碳排放量是全世界第十三位，一年要排一億五千三百萬噸，一噸的二氧化碳現在在歐洲的價位大概是十歐元，假如沒有辦法達成京都議定書的履約的話，一噸要罰一百歐元，大家試算一下就知道這個天文數字將讓我們付出多少的代價！

推動清潔生產 節能減碳

京都議定書規定在二〇〇八年到二〇一二年的五年內，卅九個工業發達國家，要把二氧化碳排放量減到一九九〇年的百分之五・二到百分之八，目前全世界各國及地方政府都在進行減碳節能的工作，並訂定具體的目標，英國倫敦到二〇五〇年，排放量要比二〇〇〇年水準再降百分之六十。美國加州政府訂下最具野心的溫室減量目標，要在二〇五〇年減量百分之八十，加州政府更將在十年內投資卅二億美元，用於補貼購買和使用太陽能的居民。

反觀台灣，我們台灣所訂的標準非常寬鬆，因此近兩年多來台北縣政府的首要之務就是推動清潔生產，清潔生產的目的是讓工廠的耗原物料、耗水和耗能減少，讓所排放的汙染物、汙水及二氧化碳減少。這是一件非常重要的事，在歐洲有三個code，分別是WEEE(電子廢棄物回收的管理)、RoHS（危害性物質限制指令）、EuP（耗能指令），在二〇〇五年八月生效，在歐盟國家，你的產品不符合這些規定所製造出來的產品是不准賣的。這對我們台灣的產業有多少影響呢？他影響了三百一十五家上市公司，產值是一兆一千三百七十億，以及六百廿一家上櫃公司，產值是一兆五千三百一十億。未來全球繼京都議定書後將訂定更嚴格的二氧化碳排放標準，台灣多數的企業將因生產過程不符標準，遭到國際制裁的命運，對依賴國際貿易為主的台灣中小企業將是嚴重的衝擊！台灣的大型企業有在執行清潔生產，但中小型企業是沒有的，假如我們不對這件事做一個整體的配套，那Made in Taiwan 台灣製造再好的東西也無法銷售到國際上！

諷刺的是，有一次台北縣政府辦了一個說明會，來了三百家電腦製造業廠商，我問他們曉不曉得這三個code，所有人都知道，但只有三家被政府輔導過，兩百九十七家不曉得該怎麼辦。我們的中央政府在這麼重要的政策裡面，一年的預算是一千萬新台幣，比我們台北縣投資得還少。台灣要拚經濟，卻沒有看到因為全球氣候變遷及京都議定書生效後國際上的遊戲規則已經不一樣，是相當危險的！

環境保育 面臨嚴峻挑戰

遺憾的是五二〇以後的新政府，至今對減排減碳的要求相對於歐盟依舊過低，台灣的經濟和環境保育都面臨嚴峻的挑戰，不過危機就是轉機，企業商機和永續發展並不衝突，因為現在二氧化碳的國際交易CDM碳交易基金，已經成為世界銀行最大的商業買賣項目之一，CDM（Clean Development Mechanism清潔發展機制）簡單地說就是已開發國家花錢資助開發中國家降低二氧化碳排放量，來換取自己排放溫室氣體的權利，目前CDM碳交易價格，約為每噸二十歐元，而不符合減碳製程的企業從二〇〇八至二〇一二年間，罰款將達每噸一百歐元，歐盟的企業就通過這樣的交易來實現CO2的減排，許多國家也透過CDM的碳基金的合作，促進先進技術向發展中國家轉移，有效促進世界的永續發展！

中國大陸是目前CDM最大的受益國家，他們利用國外的資金改善他們的製造環境，把省減下的二氧化碳賣掉，二氧化碳的買賣成為非常大的商機，但台這方面灣似乎缺席了，這是非常遺憾的事情。我希望提醒大家關注的是，二〇一二年後，國際對二氧化碳的排放量將有全新的標準，中國大陸也將成為被強制減排的對象。

台北縣政府目前是唯一很認真在推動減碳節能的地方政府，但我們缺乏資金和中央的法令支持，因此推動力道一直不足。不過目前我們已經說服大同工業園區中的六家廠商來進行符合清潔生產的規範，希望台北縣政府的努力可以成為未來政府的示範。

工業政策與清潔生產 背道而馳

從全球氣候變遷、國土規劃到治水整個工業的關聯，我們都必須因應國際的規範，並思考我們的政策準備好了沒有？目前我們大部分的工業政策跟清潔生產是背道而馳的。舉例來說，水電補貼就是一個非常錯誤的政策，政府沒有反映水電應有的合理價格，台灣每年的GDP、政府與民間企業的收益，並沒有反映長期環境成本的損失與補貼；水價電價的補貼，也沒有反映經濟成本和社會成本。經濟並不是我的專業，但我誠摯期望，我們從巨觀的制高面來檢視問題，讓我們能有更深、更廣的遠見，提出符合全球變遷下的經濟發展觀點。

台灣的挑戰與機會

—朱雲鵬

「這是個最黑暗的時代，也是個最光明的時代。」狄更斯在他的名著《雙城記》中寫下這段經典名句。每個時代都有它面臨的挑戰，充滿希望，同時也充滿失望。誠如台灣當前正面臨許多挑戰，若能成功克服，就能將挑戰轉為機會，化危機為轉機。因此，如何將挑戰轉成機會，是全民與政府共同努力的方向。

台灣目前正面對三個主要的挑戰。

所得分配不均的挑戰

第一個挑戰是全球化的潮流讓許多企業成為跨國企業，市場也轉型為全球市場，此一趨勢創造出前所未有的財富累積，但也帶來所得分配不均的重大挑戰，台灣亦深受這項挑戰的衝擊。

以台灣施行的的低收入戶補助方案此項社會福利政策為例，政府根據前一年平均每人消費金額的百分之六十，作為核定低收入戶的標準，符合低收入戶條件的家庭，政府將提供補助金，期使這類家庭的生活能夠達到最低生活標準。根據統計，國內符合低收入戶標準的家庭大約有九萬戶，然而，在實際的生活中，面臨貧窮危機的家庭絕不僅止於此，社會上有許多個人或家庭屬於中度貧窮或接近貧窮，再加上近來糧價飆漲、物價狂升，對中低收入者造成嚴重衝擊，因此，如何將更多人網羅到社會安全體系之中，協助弱勢族群得到更多援助，使其克服生活的難關，並享有更具尊嚴的生活，是未來十分重要的課題。

產業定位與升級的挑戰

第二個挑戰是產業定位與升級的挑戰，包括農業、工業與服務業。在農業方面，根據世界銀行的統計，全球糧食價格在過去三年平均上漲約八成；聯合國亦指出糧價高漲的情形，已造成全球約三十七個國家陷入糧食危機。儘管全球正面臨糧荒的挑戰，但未嘗不是台灣農業的機會。台灣擁有先進的農業科技，過去亦培養許多優秀的農業專家，透過新穎的農業技術，可增加每單位生產面積的產量與產值。此外，透過研發創新技術，將農作物的纖維素發酵分解為生質能源，將有助於解決能源短缺的難題。相信藉由科技的不斷創新與進步，可以為台灣的農業締造更多新契機。

在工業方面，由於全球經濟結構的改變，加上全球運籌管理經營模式風潮的帶動下，國際品牌大廠紛紛採取低價策略，委由工資較低廉的地區負責代工，許多開發中國家為了爭取代工的機會，競相降低代工費用，遂使代工的毛利率日趨微薄。以筆記型電腦代工的毛利率為例，目前僅約百分之五。台灣的IT產業若要突破目前的發展瓶頸，一方面必須繼續投注資源於新技術與新產品的研發，如投資屬於開放架構的WiMax，藉以克服台灣在手機製造方面，專利布局受制於國際大廠的現況。

另一方面，積極建立自有品牌、拓展國際行銷更是刻不容緩的努力方向。過去「巨大」在台灣發展時的最大客戶，是美國一間名為「Schwinn」的大型腳踏車廠，其規模在全世界數一數二，而它提供的訂單金額占「巨大」營收的百分之七十，然而，Schwinn由於計劃在中國大陸設廠，因此決定從「巨大」抽單，致使「巨大」被迫走向品牌導向的路線，時至今日，

「巨大」已成為世界知名品牌，且在歐洲地區名列第二大品牌，其品牌所締造的利潤相當可觀。

服務業所面臨的挑戰更為巨大。目前服務業的產值約占總產值的百分之七十二，但服務業的就業率僅約百分之五十八，可見服務業仍有很大的發展空間。由於科技的日新月異，致使製造業所雇用的勞工日益縮減，相反的，服務業的發展卻能創造更多就業機會，亦能創造更大的經濟產值，其中尤以金融業、旅遊業以及醫療服務業所帶來的成效最為可觀。假如政府能以更開放的態度，消除不合理的管制，並配合相關制度的改革，以更寬大的胸襟包容各種文化、各地人才，定能使台灣的產業發展進入嶄新的局面。

環境保護的挑戰

第三個挑戰是環境保護的挑戰。近年來台灣的二氧化碳排放量急遽增加，已成為全世界排放量成長最快的國家之一，是以如何兼顧環境保護與經濟發展，讓台灣在減碳的條件下亦能找到生存的契機，儼然成為台灣當前的首要任務。台灣的產業應走向高質化與低碳化，開發新穎的節能減碳科技，並藉此發展相關的新興產業，亦可將節能減碳的技術輸出到其他國家，進而提升台灣的國際競爭力。

任何一個國家在任何一個時期面臨挑戰時，唯有讓各階層的人民充分表達意見，政府結合全民的智慧與力量，就能化挑戰為機會，共創新局。

技術標準競爭　兩岸共創雙贏

——吳敬璉

聽了各位具有啟發性的見解，我只做簡單的補充，陳述兩點意見：

第一點，我說到有一種看法，就是認為當前中國大陸的經濟情況很好，企業手裡的錢很多，可以用來救助有可能陷入衰退的世界經濟。甚至有一些歐美的大銀行，希望大陸的銀行去收購他們。我感覺這裡有一點誤解，其實大陸經濟當前遇到的問題是跟其他國家相類似的。流動性（fluidity）是一個世界上許多國家和地區都存在的問題。它的根源在於美國國內的儲蓄率太低，於是利用美元作為國際儲備貨幣的地位，用發行美元的方式向世界各國舉債來彌補國內的投資需要。大陸近十年來外匯存底大量增加。了緩解人民幣升值的壓力，中央銀行大量收購外匯，導致貨幣超發，流動性氾濫。過去幾年，大陸的經濟政策對情況可能引致的風險是估計不足的。所以，孫震教授關於臺灣的經驗和教訓的講話，並沒有引起我們的足夠的重視，使人感到遺憾，現在我們遇到了和台灣九〇年代同樣的問題。

另外，張榮豐先生講到了大陸的增量資本產出率（ICOR）很高，達到四倍的水準，這說明投資效率很低。實際上，大陸的投資效率情況可能比這還差。ICOR在一九九八－二〇〇三年期間高達五至七倍。如果說它要對世界經濟的穩定提供幫助，最好的方式就是它採取的政治政策使得自己的金融穩定下來，不發生系統性風險。所以根據我的觀察，大陸應付世界金融體系當前問題，最好採取以下兩方面的對策：

一方面，是運用政府的短期經濟政策，把宏觀經濟穩住，防止出現大的波動、出現系統性的危機。另一方面，努力使產業提升。這就是實現增長模式的轉變，從要素投入和出口需求驅動的增長，轉變到技術進步和效率提高驅動的增長。

在轉變增長方式方面，我們兩岸可以共同做許多事情，改變增長模式、減少資源損耗、保持生態平衡、提高產品的知識含量、提高附加價值。在這個問題上，我還是想強調，如果我們合作得好，已經到了這個時候，能夠在最高層面的國際競爭中，就是標準制定的競爭中贏得先機。

以WiMax為例，在本世紀初期，大陸有幾種很有希望的3G移動通訊技術，在某些指標上超過WiMax，但是因為我們體制上的原因而夭折了。我們知道，由於WiMax的移動性能還不夠好，以致於最近世界電聯沒有把它列為3G標準，而是把它列為二代標準。在這方面，大陸的那些超過3G技術的夭折是很可惜的。像這種例子在大陸上還不止一個。如果我們兩岸的華人攜起手來，贏得技術標準的競爭，我們創造的就不止是一個或幾個產品，而是整個產業。

我要說的第二點，是政治環境的問題。兩岸要聯合起來發展具有世界競爭力的產業，需要有合適的政治環境，我認為在建設良好的政治環境上，今年的臺灣大選已經為我們開啟了一個新局面。現在首要的事情，是在「九二共識」的基礎上重開兩岸之間的協商談判，這樣就構建了良性互動的溝通平臺，可以利用這個平臺來解決歷史所形成的各種問題，這也是需要我們雙方共同來促成的。

開拓內需市場　重視環保議題

——劉遵義

首先我想回到經濟環境方面，今天前面也都談過世界經濟環境。我個人還是想強調一下，我認為亞洲的經濟基本上可以和美國有一定程度的脫鉤，所以不需要因為美國經濟的不景氣就有太大的擔心，基本上不會有太大的影響。我們看金磚四國(巴西、俄羅斯、印度和中國)，發展都很好，東亞有很多國家發展也都不錯，也不會有金融危機的情況。

第二，我想講一下大陸的經濟環境，宏觀來看當然還是有很大的問題，不過我想講一下微觀的投資環境。其實大陸的經濟發展到今天，外資的進入是過剩，所以你假如只是有錢，沒有技術，我勸你不要去大陸投資，因為那邊的生意並不好做，你一定要有特別的優勢才能去做，可能是你的技術、經驗、市場、品牌等等，總之一定要有優勢。同時今天在大陸投資，也面臨很大的挑戰，二十年前大陸是缺錢，所以很歡迎外資的投入，現在是資金氾濫。最近大家可能也聽了很多，因為人民幣升值、兩稅合一、出口退稅的減免、勞動法的實施，還有其它成本的增加，所以實際上真正來說，加工出口其實沒有太大的前景，所以要做下去的話，一定要開始重視內需的市場。如果你把工廠遷移到內陸，可是你還是要出口，你的成本就會增加，如果能同時開拓內需市場是很好的。

另外還有一點，大陸在環境保護方面會開始愈來愈認真，我想臺灣應該要趕快幫助中小企業解決環保的問題，幫助它們適應大陸的環保問題。其實大部分在大陸的臺商都是中小企業，環保在那邊也做得不好，我認識很多臺商企業是沒有環保的設備，有的有但卻不啟用，所以政府應該要趕緊幫助他們改善，現在是一個很好的機會。

最後我想講的是，我想最主要是要把政治的環境改進一下，現在是一個很好的機會，假如兩岸在經濟和政治上能適當的分離的話，前景是會非常好的。

【閉幕與迴響】

【閉幕致詞】

東亞區域經濟整合與兩岸經濟發展

——孫震

當前世界經濟大勢是在全球化下，逐步形成歐洲、北美與東亞鼎足而三的局面。歐盟現在有廿七個國家，尚有Croatia和Turkey待加入。北美自由貿易區包括美國、加拿大和墨西哥三國。東亞區域經濟整合始於東協，一九九二年達成自由貿易協定，近年積極結合鄰近國家，向東亞經濟共同體的目標邁進。

東亞的區域經濟整合雖然始於東協，也以東協為中心謀求發展，但發展的主力實在是中國大陸。中國於二〇〇二年十一月與東協簽署「中國與東協全面經濟合作架構協定」(Framework Agreement on Comprehensive Economic Cooperation between ASEAN and PRC)。二〇〇三年十月，東協召開「東南亞友好合作條約」(Treaty of Amity and Cooperation in Southeast Asia)會議，中國由溫家寶總理代表簽約加入，形成「東協加一」。東協加一再加南韓和日本為「東協加三」，再加印度、澳大利亞和紐西蘭為「東協加六」。東亞區域經濟整合以東協共同體為短期目標，以東亞共同體為長期目標，而以「東協加三」為達成東亞共同體的載具(Vehicle)。

二〇〇七年十一月東協十國在新加坡集會慶祝成立四十週年，簽訂「東協憲章」，宣示「one vision, one identity, one community」的主旨，限定新會員國必須位在東南亞，且須得到現有十個會員國共同承認。東協雖然人多勢眾，但經濟力尚薄弱，似乎不希望將來北方大國喧賓奪主，因此欲迎還拒。新加坡的會議也通過「東協經濟共同體藍圖」，希望於二〇一五年達成東協共同體的目標。

中國對東亞經濟的貢獻有貿易、旅遊和投資三條路線。在貿易方面，中國對西歐和北美貿易為出超，對東亞各國為入超；中國以入超帶動區域內國家的經濟發展。出超構成總需要的一部分，出超擴大使總需要增加，生產和就業因而增加，這是重商主義和凱因斯(John M. Keynes)所主張的貿易利益。

不過貿易的利益不以凱因斯效果為限，而且一國的出超也不可能不斷擴大。中國對區域內國家在貿易方面更基本的貢獻，是通過貿易促進分工與專業，使產業的經濟規模擴大、技術進步、生產力提高。這是亞當．史密斯(Adam Smith)和大衛．李嘉圖(David Ricardo)所主張的貿易利益。

此外中國開放旅遊，提供資金支援民間企業對鄰近國家投資，都有利於區域內國家經濟發展。

以中國大陸的經濟發展和台灣比較，大陸自一九七八年改革開放，從中央計劃經濟逐步轉型為市場經濟，到現在將近卅年。台灣則是經過一九五八年至一九六〇年的外匯貿易改革，從政府管制與干預的「進口代替」時代轉為出口導向、順應市場的自由經濟。大陸的一九七八至二〇〇八年相當於台灣的一九六〇至一九九〇年。然而台灣一九九〇年的人均GNP已達八千多美元，大陸二〇〇七年只有兩千五百美元左右，而一九九〇年美元的購買力比現在高。何以有如此大差別？我們大致可以想到三個原因：

第一、大陸一九七八改革開放之初，經濟成就比台灣一九六〇時落後。大陸在一九七八之前，經歷「三面紅旗」、「大躍進」、大飢荒和文革十年浩劫，人均所得可能根本沒成長，甚至可能減少。

第二、改革開放後一九八〇年代「摸著石頭過河」，經過集體企業、個體企業和私營企業，試探開放，蹉跎時光，真正快速成長要等到一九九〇年代鄧小平南巡以後。

第三、台灣在一九八〇年代後期台幣對美元大幅升值超過百分之五十，而近年人民幣對美元升值從一比八點二到一比六點九八，不到百分之二十。

台灣過去的經濟發展發生過兩個大錯誤。一個是在一九七〇年代和八〇年代自由化的腳步遲疑，未能讓新台幣隨經濟實力增強和貿易差額改善升值，終於導致一九八〇年代後期的資產膨脹(Asset Inflation)和泡沫經濟，而升值終於無法避免，甚至更多，使若干廠商受到傷害，泡沫亦於一九九○年破滅。另外一個就是陳水扁政府或更早兩岸經貿交流自我設限，未能充分利用大陸快速成長所帶來的機會和利益，以致產業、資金、人才流失，外流的不回來，外國的資源也不進來，坐困愁域，經濟日漸邊緣化。

大陸最大的錯誤就是重複台灣在一九八○年代的錯誤，延誤人民幣升值時機。人不能從歷史上學到經驗，以致重複別人的失敗，真是遺憾。二○○六年大陸貨物與勞務的貿易順差為兩千零八十九億美元，國際收支經常帳餘額為兩千四百九十八億美元，外國直接投資(FDI)七百八十一億美元，證券投資(portfolio equity)四百二十九億美元，合計使外匯準備增加三千七百零八億美元。而同年中國大陸是全世界最大的資本輸出國，淨輸

基本上，面對全球快速與多變的經濟大環境，尤其是各國正面臨通貨膨脹的嚴苛挑戰時，個別企業就外界的客觀環境，所能掌握與影響的能力，十分有限，因此，企業在了解全球經濟問題的同時，實在不需要過度受到這些問題的干擾，反而要先確定本身的角色定位，審度自己所掌握的資源，透過與其它企業的合作，來提升本身的競爭力，並堅定、穩健地做下去。

在尋求與其它企業合作時，個人認為，心態的調整是第一要務。因為，在現階段全球產業的發展，單一企業想什麼都做的結果，就是什麼事都做不好，因此，在合作的過程，企業最終將成為整合或被整合者。如果是成為被整合者，就要了解本身有哪些優勢是整合者所需要的；如果要成為整合者，那就必須具備能主導整合，進而建立更大資源的能力。

事實上，企業間的合作，無非就是要從合作中，來壯大自己的實力，所以，即使臺灣的企業是擔任整合者的角色，也要能接受被自己整合的企業，總有一天也會有茁壯的一日，因此，實在不需要擔心合作的對象，有一天可能會成為自己的對手，要能「與敵人共舞」，將是臺灣企業在尋求合作，特別是在兩岸產業合作時，臺灣企業要先建立的基本心態。

總之，無論外在客觀的環境如何快速變革，企業只要能建立核心能力，不斷提高本身的競爭力，就有能力面對變動的時代。

至於臺灣有哪些核心能力？個人認為可以從製造業及服務業兩個方向來看。

就製造業來說，在華人的社會中，臺灣工業化及製造管理的能力，已經具有世界級的水準，因此，臺灣的製造業可以先從整合亞洲的資源，提供市場無論是企業對企業(B2B)，或企業對消費者(B2C)的需求做起。尤其中國已經是世界的工廠，臺灣製造業居間可以扮演中國，甚至是亞洲區域資源整合者的重要角色。

過去美國的企業也想要直接進入中國等亞洲國家，扮演資源整合者的角色，但試過之後，卻發現這一條路走得並不順利，最後發現透過臺商擔任居間整合者，反而可運作得更好，這就是臺灣製造業在亞洲區域間可以具有的角色。在先做好製造業的區域資源整合者的角色後，下一步就可以邁向挑戰更多的品牌整合者之路。

就服務業的整合者角色，由於臺灣在華人的社會中，民主化的經驗最早，更是具有多元文化，以及擁有都市與鄉村型態的社會，因此，服務業的發展與模式，臺灣在亞洲地區是可以有所領先的。譬如：美國的7-11被引進日本，在日本的社會建立某種產業模式，再從日本導入臺灣，建立另一種模式後，臺灣的7-ELEVEN的模式，極有可能是進入中國市場最有效的方法。基本上，無論是7-ELEVEN或醫療服務等服務業，臺灣都可以就所建立的Know-How，透過科技化與國際化，帶向國際市場。

「傳統產業科技化與品牌化；服務業的科技化與國際化」，都是運用現有臺灣的核心能力與優勢，來提升臺灣企業的價值，並建立後進者的進入障礙，進而提升國際競爭的能量。

（張令慧訪問整理）

【迴響】

開放與鬆綁　提升服務業競爭力

——陳添枝

「舉品牌的旗，走服務的路」是台灣未來要努力的方向。台灣不能再依賴製造業代工模式賺取微薄的利潤，未來要大力發展服務業，政府最重要的工作是法規的鬆綁，去除妨礙產業競爭的法規，鼓勵產業創新與異業結合，積極發展出口型的服務業。

台灣向來以製造業為主，一九八八年服務業比重首度超過五十％，二〇〇一年服務業的比重超過七十％。現階段最大的問題是服務業的競爭力不足，以二〇〇七年為例，服務業占GDP的比重達七一・一%，但就業人數僅占全國總就業的五七・九%。自二〇〇〇年至二〇〇七年服務業勞動生產力平均年增率僅二・九%，遠不如工業的四・九%。

二〇〇八年瑞士洛桑管理學院(IMD)的競爭力評比中，台灣在服務業出口成長率全球排名第五十三名，表現欠佳。未來，我們在策略上要從法規鬆綁、鼓勵創新、異業結合等三方面著手，以提升服務業的效率。

首先，鬆綁法規以排除進入市場的障礙，強化市場的公平競爭。以教育產業為例，各公立學校的教授薪資依年資的高低而不同，薪資都是一致的，並非因為不同的表現而有差異，私立大學沿襲公立學校的制度，也因此使得大學教授的薪資水準被卡死，如此嚴重地妨礙競爭，也無法吸收最好的人才。此外，大學教授從學校到政府公部門，有種種法令限制，這條路並不是很順暢，除了薪資、借調制度的限制之外，還有退休制度的限制，如此妨礙了公私部門人才的流動，也影響到產業競爭力。

再舉一個例子，大型國營企業勞工的待遇與民營企業員工相比，普遍優於民營企業，因此許多國營企業的勞工一待就是數十年，但國營行庫的競爭力即不如民間企業。但是另方面，國營行庫董事長或總經理的薪水又普遍低於民營金控或銀行的負責人，這也造成公營行庫難以吸引或留住好人才，更別說要吸引國際級的人才，因為薪資結構實在差太多了。在目前的困境中，公營行庫吸收不到好的人才，這是必須加以改善的。

其次，鼓勵產業創新。以金融產業為例，過去新產品的推出要先經過主管機關審查，如此會影響上市的時效，未來均以「負面表列」為主，盡量減少不必要的管制，如此才能加速產業的創新速度與能量。在觀光服務業方面，大家對陸客來台有很大的期待，坦白說，以前外國觀光客來台多半停留二、三天，比較少長期一周以上，台灣的觀光業有很大的發展潛力，但也有很大的改善空間，如何發揮更多的創意，開拓陸客的資源，讓陸客停留的天期拉長，政府除了在硬體建設方面加強之外，觀光業者如何在軟體上提升服務品質，將是一大挑戰。

第三是鼓勵異業結合。國內不同行業有不同的法令規範，有時在異業結合時會發生困難。最明顯的例子是老人照護產業，目前的規定是，有醫療行為的照護產業屬衛生署管轄，無醫療行為的照護產業屬內政部管轄，但是這樣僵硬的區分是不合時宜的，因為老人的需求是綜合性的照顧。依目前的法令規定，老人照護產業必須由社會福利團體來經營，一般人無法經營照護產業，這樣的規定顯然限制了老人照護產業的發展，也使得民間許多家庭無法取得適當的老人照護服務，形成很嚴重的社會問題。

在社會逐漸邁向高齡化後，社會必須提供完善的老人照護服務，因此政府必須在法令上大幅鬆綁，讓民間也可以經營老人照護服務，政府未來只提供基本的服務，民間可以有多元的選擇以滿足個別的需求。當初政府不考慮開放民間開辦老人照護服務，主要認為老人照護產業不是營利事業，應由社會福利團體來經營，然而，社會的需求愈來愈高，有些民眾只好花錢請菲勞，但卻無法獲得滿意的服務品質，這是很不合理的。因此，未來要在法規上鬆綁，老人照護產業才有發展的空間，也可以間接創造許多就業機會。

總之，政府的功能不是處處限制產業的發展，過去不合時宜的法令要趕快鬆綁，同時建立一個適當的環境，讓產業可以蓬勃發展起來。台灣的優勢是擁有許多優秀的人才，服務業如果能夠發展起來，可以創造更多的就業機會，同時開創台灣經濟的新局。

（謝錦芳訪問整理）

國家圖書館出版品預行編目資料

臺灣經濟：新局與發展／張賜祿, 曲家琪文編.
--初版. --臺北市：時報文教基金會, 民97.07
面； 公分. -- (時報文教基金會叢書；49)

ISBN 978-986-82821-5-5(平裝)

1. 經濟發展 2. 產業發展 3. 臺灣

552.33 97013666

時報基金會叢書49

【台灣經濟 新局與發展】

【籌備委員】薛 琦、許嘉棟、朱敬一
余範英、林聖芬、康復明
【出 版 者】財團法人時報文教基金會
【地 址】台北市大理街一三二號
【專 線】〇二—二三〇六五二九七
【編 審】李冰榮
【文 編】張賜祿、曲家琪
【美 編】邱宜清、葉穎菡
【特約攝影】林國彰
【初版一刷】九十七年七月
【定 價】新台幣三百元